연필 잡고 스 :법이 끝난다

바쁜 친구들이 즐거워지는
빠른 학습법

5·6학년용

바빠

초등 영문법 2

이지스에듀

지은이 | E&E 영어 연구소의 대표 저자 · 이정선

이정선 선생님은 YBM시사, EBS, 다락원, 교학미디어, 종로 엠스쿨 등에서 출간된 100여 종이 넘는 영어 교재 개발에 참여하였고, 초등, 중등, 고등학생을 대상으로 한 영어 학습 프로그램도 개발한 영어 학습 프로그램 개발 전문가이다. EBS 고등학교 영어 교재 개발에도 참여하여, 최근의 입시 영어 경향도 잘 이해하고 있다. 집필 도서 중 대표적인 참고서로는 《알찬 문제집》 중학 1, 2, 3학년용이 있으며, 단행본으로는 《영어일기 e-메일이 술술 써지는 영작기술 79가지》 등이 있다.

전국 규모의 영어 학력평가인 'Yoon's BEFL Contest'와 '해법영어 경시대회(HEAT) 올림피아드' 등 초등학생과 중학생을 위한 다수의 영어능력 평가 문제를 출제했다. 그동안의 영어 교재 및 학습 프로그램 개발과 강의 경험을 집대성해 《바쁜 3·4학년을 위한 빠른 영문법》, 《바빠 초등 영문법 - 5·6학년용》시리즈, 《바쁜 5·6학년을 위한 빠른 영작문》을 집필하였다.

E&E 영어 연구소는 쉽고 효과적인(easy & effective) 영어 학습 방법을 개발하는 연구소이다.

바빠 초등 영문법 5·6학년용 2

(이 책은 2014년 12월에 출간된 '바쁜 5·6학년을 위한 빠른 영문법'을 보완해 개정 증보한 판입니다.)

초판 1쇄 발행 2023년 1월 20일
초판 3쇄 발행 2024년 6월 14일
지은이 E&E 영어 연구소 이정선
발행인 이지연
펴낸곳 이지스퍼블리싱(주)
출판사 등록번호 제313-2010-123호
주소 서울시 마포구 잔다리로 109 이지스 빌딩 5층(우편번호 04003)
대표전화 02-325-1722   팩스 02-326-1723
이지스퍼블리싱 홈페이지 www.easyspub.com   이지스에듀 카페 www.easysedu.co.kr
바빠 아지트 블로그 blog.naver.com/easyspub   인스타그램 @easys_edu
페이스북 www.facebook.com/easyspub2014   이메일 service@easyspub.co.kr

본부장 조은미   기획 및 책임 편집 정지연 | 이지혜, 박지연, 김현주   교정 교열 손정은   문제 풀이 조유미
표지 및 내지 디자인 손한나, 정우영   조판 책돼지   일러스트 김학수   인쇄 보광문화사
영업 및 문의 이주동, 김요한(support@easyspub.co.kr)   마케팅 박정현, 한송이, 이나리

ISBN 979-11-6303-438-4
ISBN 979-11-6303-436-0(세트)
가격 13,000원

•**이지스에듀**는 이지스퍼블리싱(주)의 교육 브랜드입니다.
(이지스에듀는 학생들을 탈락시키지 않고 모두 목적지까지 데려가는 책을 만듭니다!)

"엄마, 전 바빠 영어가 아니었으면,
아직도 영문법을 몰랐을 거예요."

- 세상을 빛내라 님 -

lawlee2000 님

'바빠 영문법'은 초등 영문법의 핵심을 배울 수 있는 유익한 교재예요. 특히 영문법 실수를 어떤 부분에서 하는지 파악할 수 있어 좋았어요.

애플그린 K 님

아이가 영문법 공부를 늦게 시작해서 걱정이었는데, 이 책 덕분에 어렵게만 느끼던 영문법에 눈을 뜬 것 같아요. 영어 문장이 술술 써진다면서 본인도 놀라고 있어요!

f******2 님

5학년 아들 녀석이 스스로 하고 싶은 문법 책을 찾았다며 문법 공부를 시작했습니다!

Loveis8199 님

'바빠 영문법'에서 가장 마음에 드는 부분이 '**복습 설계**'예요. 앞서 배운 문법이 티나지 않게 오늘의 공부에 반영되어 있어요. 똑같은 걸 반복한다는 느낌없이 자연스럽게 복습이 돼요.

ybsy0506 님

날마다 튼튼하게 영어 근육을 키운다~! 영어 사교육 없이 혼자서 공부하는 우리 아이에게 잘 맞는 초등 기초 영문법 교재예요.

애국미녀맘 님

중1 학생 부모입니다. 학교에서 to 부정사를 배우는데 '바빠 영문법'에서 공부했던 거라 훨씬 쉽게 느껴졌다고 하더라고요. '바빠'하길 잘했다고 느낀 순간이었어요.

Grace 님

문법 정리가 깔끔하게 되어 있고, 무엇보다 손으로 쓰면서 공부할 수 있는 책이라 마음에 들어요!

프로사냥꾼 님

초등 어휘 수준에 맞게 잘 짜여진 기초 영문법 책이에요. 아이 수준에 맞는 교재를 못 찾아서 내가 직접 만들어야 하나 했는데 바로 이 책이네요!

빈칸을 채우다 보니
전체 문장이 써져서 놀라는 문법 책

눈으로 보고 아는 것만으로 부족해요. 이제 영문법을 정확히 익혀야 할 때!

중학교에 들어가면 영어 학습이 문법 중심으로 바뀝니다. 게다가 시험에는 문장을 써내야 하는 서술형 문제까지 나오죠. 문법 개념을 눈으로만 이해하고 감으로 문제를 맞히는 방식은 이제 통하지 않을 거예요. 그렇다면 초등 단계에서 중등 영어를 준비하는 효율적인 방법은 무엇일까요?

초등 영어 교과에서 다루는 모든 문법을 쓸 수 있게 된다!

먼저 초등 영문법부터 총정리해야 합니다. 〈바빠 초등 영문법〉에는 초등 영어 교과서 문장을 분석한 기초 문법 규칙들을 모두 다루고 있습니다. 또 문법 규칙들이 잘게 나누어져 있어 누구나 소화할 수 있습니다. 이 책으로 문장의 빈칸을 채우면서 문법이 정확히 익혀질 때까지 학습합니다.
게다가 중학교 입학 후에 본격적으로 배우게 될 수여 동사와 같은 내용도 일부 포함해 중학 영문법의 기초를 쌓을 수 있습니다.

핵심 비법은 비교 문장이다!

'무엇'을 공부하느냐 만큼 '어떻게' 공부하느냐도 굉장히 중요합니다. 처음부터 단순히 문제를 많이 푸는 방식으로 공부하면 정답을 맞히는 데만 집중하게 됩니다.
우리가 영문법을 공부하는 이유는 영어 문장을 좀 더 잘 이해하고, 익숙해져서 영어를 자유롭게 구사하는데 있습니다. 〈바빠 초등 영문법〉의 문장을 비교하는 방식으로 공부하면 왜 이 단어를 써야 하는지 이해하면서 영어 문장을 정확하게 쓸 수 있습니다.

직접 써 보며 '내 문법'으로 만든다!

공부 전문가들은 '영문법을 이해하는 것(學)과 훈련하는 것(習)은 다르다'고 말합니다. 문법 설명이 잘 되어 있는 교재라도 직접 써 보며 자기의 것으로 만들지 않는다면 영문법이 머릿속에 남지 않습니다.
〈바빠 초등 영문법〉의 학습 시스템은 읽고 이해하는 input(문법 및 단어

문장 훈련으로 확실히 기억!

의 두뇌 입력) 뿐 아니라 쓰는 과정인 output(머리에 입력된 문법을 출력해 보는 문장 훈련) 활동이 모두 설계되어 있습니다. 그래서 배운 문법을 확실하게 기억할 수 있습니다. 이 책의 output(아웃풋) 과정에서 풀게 되는 훈련 문제들은 아주 특별합니다.

과학적 훈련 문장으로 자연스럽게 깨닫고, 나도 모르게 복습이 된다!

〈바빠 초등 영문법〉의 훈련 문제들은 기계적인 빈칸 문제가 아닙니다. 테스트용 문제가 아니라 훈련용으로 최적화된 문장들입니다. 그래서 약간 어려운 문제가 나오더라도 훈련 문장에서 힌트를 얻어 답을 쓸 수 있습니다. 그래서 몰입하게 되고, 스스로 깨닫는 학습의 즐거움을 맛보게 됩니다.

또한, 각 훈련 문장들은 나선형 사다리 모형으로 설계되어 있습니다. 나선형 사다리를 한 칸씩 차근차근 따라가다 보면 새로운 단어와 문법을 익히는 동시에, 이미 학습한 단어 및 문법 사항이 다음 단계와 그 다음 단계에도 계속 누적되어 반복되는 나선형식 학습 흐름입니다.

바빠 초등 영문법의 누적식 학습 설계

따라서, 각 단계의 뒷부분에 주로 나오는 '도전! 문장 쓰기' 문제는 앞의 훈련 문장을 다 썼다면 누구나 쓸 수 있게 됩니다. 또한, 전 단계의 문법 사항을 다음 단계의 훈련 문장 속에도 녹여 놓아, 나도 모르게 복습이 이루어지는 과학적인 훈련 문제들입니다. 두뇌의 망각 곡선을 고려하여 배치된 훈련 문장들을 만나 보세요!

폼 잡지 않는 건강한 영문법 책

이 책은 문법을 정복하는 데에만 집중할 수 있도록 쉬운 단어와 단순한 문장으로 문제를 구성했습니다. 폼 잡지 않고 기초 영문법의 전체 뼈대를 잡는 데 초점을 모았기 때문입니다. 기초 영문법의 뼈대가 잡히면 나머지 영문법은 이 책에서 배운 영문법을 확장해서 익히는 것에 불과합니다.

여러분도 이 책으로 영문법의 튼튼한 뼈대를 만들어 보세요!

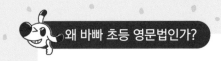

학원 선생님과 독자들의 의견
덕분에 더 좋아졌어요!

2014년 12월 '바쁜 5·6학년을 위한 영문법'(이하 바빠 영문법)이 출간된 이후, 시중의 많은 초등 영문법은 '문법 쓰기' 콘셉트로 바뀌었습니다. 영어 문법책의 판을 바꾼 쓰기형 영문법의 원조인 '바빠 영문법'이 출간 이후 9년 만에 새롭게 나왔습니다! 이번 판에서는 '바빠 영문법'을 이미 풀어 본 학생, 학부모, 선생님들의 생생한 의견을 반영해 '더 즐겁게 공부할 수 있는 방법', '더 효과적인 방법'을 적용했습니다.

하나, 시각적인 즐거움과 학습 효과를 더했어요!

색감이나 사진, 그림이 더 풍부했으면 좋겠다는 학생들의 의견을 반영해 문법 개념 이해를 도와주는 개념 삽화와 시각적인 효과를 더했습니다. 또한 기초 영단어를 사진과 결합해 영단어까지 공부할 수 있습니다.

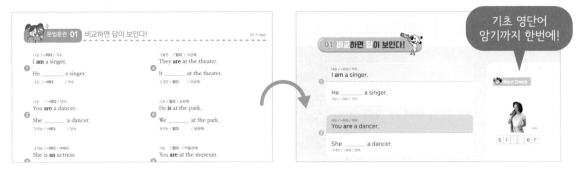

기존판:《바쁜 5·6학년을 위한 빠른 영문법》　　　　　　개정판:《바빠 초등 영문법 - 5·6학년용》

둘, 글자 크기를 키우고 답을 쓰는 칸도 더 넓혔어요!

아이가 공부를 할 때 느끼는 '공부에 대한 긍정적인 감정'이 중요하다고 합니다. 이번 개정판에서는 아이들이 이 책을 처음 펼쳤을 때 자신감 있게 풀어 나가도록 글자 크기를 키우고, 답 쓰는 칸도 넓혔습니다. 이러한 장치는 '공부에 대한 긍정적인 감정'을 심어 줄 것입니다.

셋, 알아두면 좋은 꿀팁을 더했어요!

'바빠 초등 영문법'의 장점 중 하나는 어려운 문법 용어를 옆에서 말하듯이 풀어서 설명해 쉽게 이해할 수 있다는 점입니다. 개정판에서는 기존판의 장점은 그대로 살리고 알아두면 좋은 꿀팁들을 추가해 문법을 더욱 쉽게 이해할 수 있습니다.

바빠 초등 영문법의 과학적 학습 설계를 만나 보세요!

1단계 ★

개념 먼저
이해하기

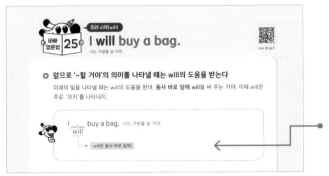

● 대표 문장을 통해 문법 핵심
사항을 확인하고 이해할 수
있어요.

2단계 ★

훈련 문장으로
문법 내 것
만들기

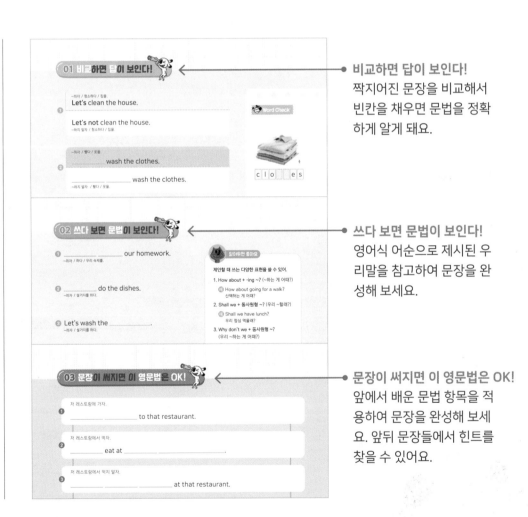

● 비교하면 답이 보인다!
짝지어진 문장을 비교해서
빈칸을 채우면 문법을 정확
하게 알게 돼요.

● 쓰다 보면 문법이 보인다!
영어식 어순으로 제시된 우
리말을 참고하여 문장을 완
성해 보세요.

● 문장이 써지면 이 영문법은 OK!
앞에서 배운 문법 항목을 적
용하여 문장을 완성해 보세
요. 앞뒤 문장들에서 힌트를
찾을 수 있어요.

Read aloud!

+ **훈련 문장 음원을 활용해 2단계를 효과적으로 공부하는 방법**

방법 1 문장을 듣고 나서 큰 소리로 따라 읽어 보세요. 듣고, 소리 내어 읽는
활동을 통해 스피킹 및 리스닝 연습을 동시에 할 수 있어요.

방법 2 정답을 맞출 때 해답지 대신 음원 파일을 들으며 확인해 보세요.

🎧 훈련 문장 음원 MP3 다운로드

바빠 공부단 카페
www.easysedu.co.kr

바빠 공부단　　검색

3단계 ★

시험에는 이렇게 나온다로 시험 문제 유형 완벽 대비!

PDF 다운로드 ⬇

PDF 다운로드 위치
바빠 공부단 카페 자료실
www.easysedu.co.kr

▲ 시험 문제를 자주 출제하는 저자가 중학교 시험에 나오는 기초 문법 문제만 엄선했어요. 바빠 공부단 카페에서 '시험에 이렇게 나온다' PDF를 무료로 다운로드 받아 시험 문제 유형에도 완벽하게 대비해 보세요. PDF는 문법 요소별로 총 28장이 준비되어 있어요.

4단계 ★

한 장의 표로 바빠 초등 영문법 총정리!

Perfect!
총정리까지
완벽하게!

▲ 이 책에서 공부한 영문법을 하나의 표로 정리했어요. 표를 지표로 삼아 헷갈리는 문법이나 기억이 나지 않는 문법 요소는 돌아가서 다시 한 번 점검해 보세요!

 Contents

바빠 초등 영문법 5·6학년용 ▶ 2

나만의 공부 계획을 세워보자!

★	☐ 14일 완성	☐ 10일 완성
✓ **1일**	Unit 01~02	Unit 01~03
☐ **2일**	Unit 03~04	Unit 04~05
☐ **3일**	Unit 05~06	Unit 06~07
☐ **4일**	Unit 07~08	Unit 08~10
☐ **5일**	Unit 09~10	Unit 11~13
☐ **6일**	Unit 11~12	Unit 14~16
☐ **7일**	Unit 13~14	Unit 17~19
☐ **8일**	Unit 15~16	Unit 20~22
☐ **9일**	Unit 17~18	Unit 23~25
☐ **10일**	Unit 19~20	Unit 26~28, 표로 정리하는 초등 영문법②
☐ **11일**	Unit 21~22	
☐ **12일**	Unit 23~24	
☐ **13일**	Unit 25~26	
☐ **14일**	Unit 27~28, 표로 정리하는 초등 영문법②	

가볍게 공부할 때는 하루에 1유닛씩 28일에 완성하세요!

연필 잡고 쓰다 보면 기초 영문법이 끝난다

바빠
바쁜 친구들이 즐거워지는
빠른 학습법

5·6
학년용

초등 영문법 2

명령문
Open the window.
창문 열어.

⭐ '~해라'라고 말할 때는 동사원형으로 시작한다

'조용히 해!(Be quiet!)', '이리 와.(Come here.)', '뛰어!(Run!)' 이런 말 자주 듣지? 공통점은? 맞아! 명령을 하고 있다는 거지. **명령할 때는 동사원형**으로 시작하면 돼.

└ 사전에 나오는 동사의 기본 형태

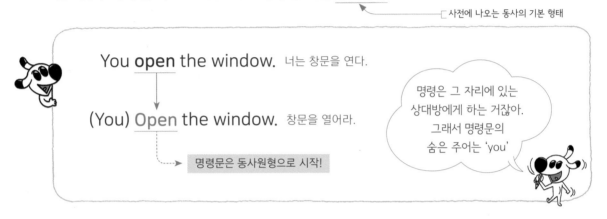

You **open** the window. 너는 창문을 연다.

(You) **Open** the window. 창문을 열어라.

> 명령문은 동사원형으로 시작!

> 명령은 그 자리에 있는 상대방에게 하는 거잖아. 그래서 명령문의 숨은 주어는 'you'

⭐ am, are, is는 'be'가 동사원형이다

be동사 am, are, is의 동사원형은 뭘까? 눈치 빠른 친구들은 알아챘을 거야. 왜 'be동사, be동사' 하겠어, 바로 **be가 동사원형**이니까 am, are, is를 묶어서 그렇게 말한 거지!

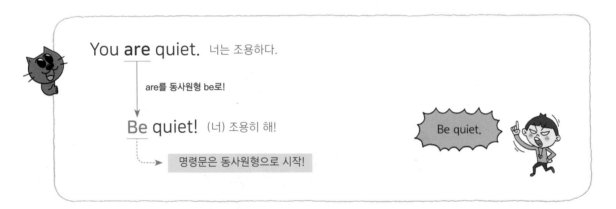

You **are** quiet. 너는 조용하다.

> are를 동사원형 be로!

Be quiet! (너) 조용히 해!

> 명령문은 동사원형으로 시작!

> Be quiet.

⭐ 부드럽게 말할 때는 please를 명령문에 덧붙인다

'좀 조용히 해 주세요.'라고 부드럽게 말하고 싶으면 please를 명령문 앞이나 뒤에 덧붙이면 돼.

> Please be quiet.

Please be quiet. = Be quiet, please.

너는 / ~이다 / 착한 소년.

You are a good boy.

1

_____ a good boy.

~이어라 / 착한 소년. [착한 소년이 되어라.]

너는 / ~이다 / 잘 대하는 / 다른 사람들에게.

You are nice to others.

2

_____ nice to others.

~이어라 / 잘 대하는 / 다른 사람들에게. [다른 사람들에게 잘 대해라.]

너는 / ~이다 / 친절한 / 나이 드신 분들께.

You are kind to old people.

3

_____ kind to old people.

~이어라 / 친절한 / 나이 드신 분들께. [나이 드신 분들께 친절해라.]

너는 / 앉는다.

You sit down.

4

_____ down.

앉아라.

너는 / 일어선다.

You stand up.

5

_____ up.

일어서라.

너는 / 연다 / 창문을.

You open the window.

open의 여러 가지 뜻:
1. (문 등을) 열다 2. (책 등을) 펼치다 3. (눈을) 뜨다

6

_____ the window.

열어라 / 창문을.

Word Check

앉다

☐ i t

일어나다

s t ☐ n d

열다

o ☐ e n

13

1 _____ happy.
~이어라 / 행복한.

2 _____ quiet.
~이어라 / 조용한.

> nice의 여러 가지 뜻:
> 1. 좋은, 괜찮은 2. 다정한, 친절한
> 3. (행동이) 얌전한, 예의 바른

3 _____ nice.
~이어라 / 다정한.

4 _____ _____ to others.
~이어라 / 다정한 / 다른 사람들에게.

5 _____ kind _____ _____.
~이어라 / 친절한 / 다른 사람들에게.

> 명령하는 사람과 명령을 받는 사람
> 모두 어느 문[창문]인지 알고 있을 때는
> door[window] 앞에 항상 the를 써.

6 _____ the _____.
열어라 / 문을.

> close의 여러 가지 뜻:
> 1. (문 등을) 닫다
> 2. (책 등을) 덮다
> 3. (눈을) 감다

7 Close _____ _____.
닫아라 / 문을.

8 _____ the window.
닫아라 / 창문을.

9 _____ your _____.
덮어라 / 네 책을.

10 Bring _____ _____ to me.
가져와라 / 네 책을 / 내게.

문제로 문법 정리

우리말과 일치하도록 괄호 안의 단어를 바르게 배열하세요.

1. 네 선생님들께 친절해라.
(teachers / to / kind / your / be)

→ _____

2. 네 가방을 내게 가져와라.
(to / bag / bring / me / your)

→ _____

1 자신의 그릇들을 씻어주세요.

_____ your dishes, please.

2 자신의 그릇들을 씻어주세요.

Please _____ your _____.

3 (당신의) 손을 씻어주세요.

도전! 문장 쓰기

_____

4 (당신의) 손을 닦아주세요.

_____ clean _____ hands.

5 자신의 방을 청소하세요.

_____ _____ your room.

6 네 방을 청소해라.

도전! 문장 쓰기

_____

7 네 책상을 청소해라.

Clean _____ _____.

8 자신의 책상을 청소하세요.

_____ your desk, _____.

9 창문들을 청소하세요.

_____ the _____, please.

10 창문들을 열어 주세요.

_____ the windows, _____.

⑪ (당신의) 책을 펼치세요.

_____ _____ _____, please.

⑫ (당신의) 책을 가져오세요.

Bring your book, _____.

⑬ 네 점심을 가져와라. ◀──── '~해라'라고 할 때는 please가 붙지 않아.

도전! 문장 쓰기

_____

⑭ 네 숟가락과 포크를 가져와라.

_____ your spoon and fork.

⑮ 당신의 숟가락과 포크를 가져오세요.

_____ your _____ and _____, please.

⑯ 자신의 숟가락과 포크를 사용하세요.

_____ your spoon and fork, _____.

⑰ 자신의 숟가락과 포크를 사용하세요.

Please use _____ _____ _____ _____.

⑱ 자신의 핸드폰을 사용하세요.

도전! 문장 쓰기

_____

 **알아두면 좋아요**

필수 단어 please (다른 사람에게 정중하게 뭔가를 하라고 하거나 부탁할 때 덧붙이는 말) 제발, 부디 wash[do] the dishes 설거지하다
clean 닦다, 청소하다 room 방 window 창문 bring 가져오다 spoon 숟가락 fork 포크 use 사용하다 cell phone 핸드폰

바빠
영문법 **02**

부정 명령문

Don't open the window.

창문을 열지 마라.

⭐ '~하지 마'라고 말할 땐 동사 앞에 Don't를 붙인다

'창문 열지 마.' '늦지 마.' '뛰지 마.' 이렇게 '~하지 마'라고 말할 때는 **Don't[Do not]를 명령문 앞에 붙이기만 하면 돼.** 왜 Don't냐고? 명령문의 주어는 you니까 Doesn't[Does not]를 쓸 수 없잖아~.

Open the window. 창문을 열어라.

Don't를 동사 open 앞에!

Don't open the window. 창문을 열지 마라.

부정 명령문: 〈Don't + 동사원형〉

⭐ 부드럽게 말할 때는 please를 부정 명령문의 앞이나 뒤에 덧붙인다

'제발 늦지 마세요.'라고 부드럽게 말하고 싶으면 부정 명령문 앞이나 뒤에 please만 덧붙이면 돼.

Please don't be late. 제발 늦지 마세요.

= Don't be late, please.

please

명령문 앞이나 뒤에 please를 붙이면 부드럽게 말하는 게 돼!

1

~이어라 / 게으른.
Be lazy.

_____ _____ lazy.
~하지 마라 / ~이다 / 게으른.

2

~이어라 / 조용한.
Be quiet.

_____ _____ noisy.
~하지 마라 / ~이다 / 시끄러운.

3

와라 / 정시에 / 학교에.
Be on time for school.

_____ _____ late for school.
~하지 마라 / ~이다 / 늦은 / 학교에.

4

일어서라.
Stand up.

_____ _____ up.
~하지 마라 / 일어서다.

5

앉아라.
Sit down.

_____ _____ down.
~하지 마라 / 앉다.

6

가라 / 집에.
Go home.

_____ _____ home.
~하지 마라 / 가다 / 집에.

조용한
q [ ] i e t

정시에
o n [ ] t [ ] m e

18

1 _____ be afraid.
~하지 마라 / ~이다 / 두려운.

2 _____ _____ angry.
~하지 마라 / ~이다 / 화난.

3 _____ _____ sad.
~하지 마라 / ~이다 / 슬픈.

4 _____ cry.
~하지 마라 / 울다.

5 _____ _____ now.
~하지 마라 / 가다 / 지금.

6 _____ _____ now.
~하지 마라 / 오다 / 지금.

7 _____ study now.
~하지 마라 / 공부하다 / 지금.

8 _____ _____ late at night.
~하지 마라 / 공부하다 / 밤 늦게.

9 _____ _____ games late _____ _____.
~하지 마라 / 게임을 하다 / 밤 늦게.

10 Don't _____ the drums _____ at night.
~하지 마라 / 드럼을 치다 / 밤 늦게.

문제로 문법 정리

우리말과 일치하도록 괄호 안의 단어를 바르게 배열하세요.

1. 늦지 말아라.
(late / be / don't)

→ _____

2. 밤 늦게 TV를 보지 마라.
(watch TV / don't / at night / late)

→ _____

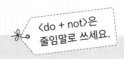

03 문장이 써지면 이 영문법은 OK!

〈do + not〉은 줄임말로 쓰세요.

1 제발 수업에 늦게 오지 마세요.

Please _____ _____ to the class late.

2 제발 파티에 늦게 오지 마세요.

_____ _____ come to the party _____.

3 제발 여기에 늦게 오지 마세요.

Please _____ _____ here _____.

4 제발 여기에 오지 마세요.

도전! 문장 쓰기

_____

5 제발 TV를 보지 마세요.

_____ _____ watch TV.

6 TV를 보지 마라.

도전! 문장 쓰기

_____

7 그 경기를 보지 마라.

_____ watch the _____.

8 지금 게임을 하지 마라.

_____ _____ the game now.

9 지금 게임을 하지 마세요, 제발.

_____ _____ _____ _____ _____, please.

10 지금 밖에 나가지 마세요, 제발.

_____ go out now, please.

20

제발 지금 밖에 나가지 마세요.

11 Please _____ _____ _____ now.

제발 호수에 가지 마세요.

12 Please _____ _____ to the lake.

제발 호수에서 스케이트 타지 마세요.

13 _____ _____ skate on the lake.

제발 강에서 스케이트 타지 마세요.

14 _____ _____ _____ on the river.

도전! 문장 쓰기

강에서 스케이트 타지 마라.

15 _____

카펫 위에서 스케이트 타지 마라!

16 _____ _____ on the carpet!

카펫 위에서 주스를 마시지 마라!

17 _____ _____ juice on the carpet!

도전! 문장 쓰기

제발 카펫 위에서 뛰지 마세요!

18 _____

Let's ~
Let's go to the park.
공원에 가자.

⭐ '우리 ~하자'라고 할 때는 Let's ~를 쓴다

지금까지는 상대방(you)에게만 '~해라' 또는 '~하지 마라'라고 말할 때 쓰는 표현을 배웠지? 그러면 나를 포함해서 '우리'가 '~하자'고 할 때는 어떻게 표현할까? 바로 **명령문 앞에 Let's** 만 붙이면 돼.

Go to the park. (너) 공원에 가라.

동사 go 앞에 Let's를 붙여!

<u>Let's go</u> to the park. (우리) 공원에 가자.

> Let's는 Let us의 줄임말!

> Go to the park.는 듣는 상대방(you)에게 공원에 가라고 하는 명령문이야.

> 나도 공원에 같이 가고 싶으면, Let's go to the park. 라고 하면 돼! 우리 같이 공원에 가자~~.

⭐ '~하지 말자'라고 말할 때는 Let's 바로 뒤에 not을 쓴다

'우리 공원에 가지 말자.'라고 말하고 싶다면 **Let's와 동사원형 사이에 not**을 쓰면 되는 거야.

Let's __ go to the park. 우리 공원에 가지 말자.

not

> '~하지 말자': Let's 바로 다음에 not!

1

~하자 / 청소하다 / 집을.
Let's clean the house.

Let's not clean the house.
~하지 말자 / 청소하다 / 집을.

2

~하자 / 빨다 / 옷을.
_____ wash the clothes.

_____ _____ wash the clothes.
~하지 말자 / 빨다 / 옷을.

옷
| c | l | o | | e | s |

3

~하자 / 청소하다 / 욕실을.
_____ clean the bathroom.

_____ _____ the bathroom.
~하지 말자 / 청소하다 / 욕실을.

욕실
| b | | t | h | | o | o | m |

4

~하자 / 설거지하다.
_____ wash the dishes.

_____ _____ the dishes.
~하지 말자 / 설거지하다.

5

~하자 / 물을 주다 / 식물에.
┌ water: 1. (명사) 물 2. (동사) 물을 주다
_____ water the plants.

_____ _____ the plants.
~하지 말자 / 물을 주다 / 식물에.

식물
| p | | a | n | t |

6

~하자 / 내다 놓다 / 쓰레기를.
_____ take out the trash.

_____ _____ _____ out the trash.
~하지 말자 / 내다 놓다 / 쓰레기를.

쓰레기
| t | r | | s | h |

23

1 _____ _____ our homework.
~하자 / 하다 / 우리 숙제를.

2 _____ do the dishes.
~하자 / 설거지를 하다.

3 Let's wash the _____.
~하자 / 설거지를 하다.

4 _____ wash our _____.
~하자 / 씻다 / 우리 손들을.

5 _____ _____ our feet.
~하자 / 씻다 / 우리 발들을.

6 _____ take care of our _____.
~하자 / 관리하다 / 우리 발들을.

7 _____ _____ _____ _____ our skin.
~하자 / 관리하다 / 우리 피부를.

8 _____ _____ care of _____ pets.
~하자 / 돌보다 / 우리 애완동물들을.

9 _____ take a shower.
~하자 / 샤워하다.

10 _____ take a bath.
~하자 / 목욕하다.

제안할 때 쓰는 다양한 표현

1. How about + -ing ~? (~하는 게 어때?)
   예 How about going for a walk?
   산책하는 게 어때?

2. Shall we + 동사원형 ~? (우리 ~할래?)
   예 Shall we have lunch?
   우리 점심 먹을래?

3. Why don't we + 동사원형 ~?
   (우리 ~하는 게 어때?)
   예 Why don't we go shopping?
   우리 쇼핑하러 가는 게 어때?

문제로 문법 정리

괄호 안의 단어 중 알맞은 것을 고르세요.

1. Let's (take / takes) care of our teeth.

2. Let's (no / not) do the dishes.

24

03 문장이 써지면 이 영문법은 OK!

1 저 레스토랑에 가자.

_____ _____ to that restaurant.

2 저 레스토랑에서 먹자.

_____ eat at _____ _____.

3 저 레스토랑에서 먹지 말자.

_____ _____ _____ at that restaurant.

4 공원에서 먹지 말자.

_____ _____ _____ in the _____.

5 공원에서 배드민턴을 치지 말자.

_____ not _____ badminton in the park.

6 공원에서 배드민턴을 치자.

도전! 문장 쓰기

_____

7 공원에서 야구하자.

_____ _____ baseball in the park.

8 운동장에서 야구하자.

_____ _____ _____ in the playground.

9 운동장에서 야구하지 말자.

도전! 문장 쓰기

_____

10 운동장에서 농구하지 말자.

_____ _____ play basketball _____ the playground.

25

운동장에서 농구하자.

⑪ _____ _____ _____ in the playground.

체육관에서 농구하자.

⑫ _____ play basketball in the _____.

체육관에서 만나자.

⑬ _____ _____ in the gym.

체육관에서 만나지 말자.

도전! 문장 쓰기

⑭ _____

체육관 앞에서 만나지 말자.

⑮ _____ _____ _____ in front of the gym.

극장 앞에서 만나자.

⑯ _____ meet _____ _____ _____ the theater.

영화 보러 가자.

도전! 문장 쓰기

⑰ _____

영화 보러 가지 말자.

⑱ _____ _____ go to the movies.

 **알아두면 좋아요**

필수 단어 playground 운동장, 놀이터 gym 체육관 go to the movies 영화 보러 가다

스포츠를 나타내는 단어 soccer 축구 baseball 야구 basketball 농구 volleyball 배구 tennis 테니스 badminton 배드민턴

26

✪ 표로 정리하는 명령문

명령문	긍정 명령문	부정 명령문
Be ~	You are quiet. 너는 조용하다.	
	조용히 해라. Be quiet.	조용히 있지 마라. 1 _____ be quiet.
	조용히 하세요. 2 _____ be quiet.	조용히 있지 마세요. Please don't be quiet.
	You are nice to others. 너는 다른 사람들에게 잘 대한다.	
	다른 사람들에게 잘 대해라. Be nice to others.	다른 사람들에게 잘 대하지 마라. Don't be nice to others.
	다른 사람들에게 잘 대하세요. Be nice to others, please.	다른 사람들에게 잘 대하지 마세요. 3 _____ be nice to others.
일반동사 ~	You open the door. 너는 문을 연다.	
	문을 열어라. Open the door. (동사원형으로 시작)	문을 열지 마라. Don't open the door.
	문을 열어 주세요. Please open the door.	문을 열지 마세요. Don't open the door, please.
	You stand up. 너는 일어선다.	
	일어서라. Stand up.	일어서지 마라. 4 _____
	일어서세요. Stand up, please.	일어서지 마세요. Please don't stand up.
Let's ~	We go to the movies. 우리는 영화 보러 간다.	
	영화 보러 가자. Let's go to the movies.	영화 보러 가지 말자. Let's not go to the movies.
	We meet at the bus stop. 우리는 버스 정류장에서 만난다.	
	버스 정류장에서 만나자. Let's meet at the bus stop.	버스 정류장에서 만나지 말자. 5 _____ at the bus stop.

~이어라 / 조심하는.

Be careful.

1

_____ _____ careful.

제발 / ~이어라 / 조심하는.

닫아라 / 창문을.

Close the window.

2

_____ _____ the window.

~하지 마라 / 닫다 / 창문을.

~하지 마라 / ~이다 / 떠드는 / 도서관에서.

Don't be noisy in the library.

3

_____ _____ _____ noisy in the library.

제발 / ~하지 마라 / ~이다 / 떠드는 / 도서관에서.

해라 / 네 숙제를.

Do your homework.

4

_____ your homework, _____.

해라 / 네 숙제를 / 제발.

쉬어라 / 여기에서.

Take a rest here.

5

_____ _____ a rest here.

~하자 / 쉬다 / 여기에서.

~하자 / 가다 / 수영하러.

Let's go swimming.

6

_____ _____ _____ swimming.

~하지 말자 / 가다 / 수영하러.

Word Check

조심하는

| | a | r | e | | u | l |

(문 등을) 닫다

| c | | o | s | e |

떠드는, 시끄러운

| n | o | | s | y |

휴식

| r | | s | t |

1 _____ happy, _____.
행복하세요, 제발.

2 _____ quiet, please.
조용히 해 주세요, 제발.

문제로 문법 정리

괄호 안의 표현 중 알맞은 것을 고르세요.

1. Please (be / is) careful.

2. (Let / Let's) go shopping.

3. (Don't / Doesn't) visit me today.

3 Please _____ _____.
제발 조용히 해 주세요.

4 _____ _____ quiet in the library.
제발 도서관에서 조용히 해 주세요.

5 _____ _____ noisy _____ the library.
제발 도서관에서 떠들지 말아 주세요.

6 Don't _____ _____ in the library.
도서관에서 떠들지 말아라.

7 _____ _____ in the library.
도서관에서 뛰지 말아라.

8 Don't _____ food _____ _____ _____.
도서관에서 음식을 먹지 말아라.

9 _____ bring _____ into the library.
도서관 안으로 음식을 가져오지 말아라.

10 _____
제발 도서관 안으로 음식을 가져오지 말아 주세요.

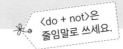

✂ ⟨do + not⟩은
줄임말로 쓰세요.

---

1 파티에 오세요.

Please _____ to the party.

---

2 오늘 밤 파티에 와라.

_____ to the party tonight.

---

3 오늘 밤 파티에 가라.

_____ _____ the _____ tonight.

도전! 문장 쓰기

4 오늘 밤 파티에 가자.

_____

---

5 오늘 밤 파티에 가지 말자.

_____ _____ go to the party _____.

---

6 오늘 밤 영화 보러 가지 말자.

_____ _____ go to the movies tonight.

---

7 이번 주말에 영화 보러 가지 말자.

Let's not _____ _____ _____ _____ this weekend.

도전! 문장 쓰기

8 이번 주말에 영화 보러 가지 마라.

_____

---

9 이번 주말에 박물관에 가지 마라.

_____ _____ to the museum this weekend.

---

10 이번 주말에 박물관에 가라.

_____ _____ the museum _____ _____.

---

⑪ 이번 주말에 박물관에 가세요.

도전! 문장 쓰기

_____

⑫ 이번 주말에 박물관을 방문하세요.

_____ visit the museum this weekend.

⑬ 이번 주말에 박물관을 방문하자.

_____ _____ _____ _____ this weekend.

⑭ 이번 주말에 과학 박물관을 방문하자.

Let's visit the science museum _____ _____.

⑮ 오늘 과학 박물관을 방문하자.

_____ _____ _____ _____ _____ today.

도전! 문장 쓰기

⑯ 오늘 과학 박물관을 방문하지 말자.

_____

⑰ 오늘 과학 박물관을 방문하지 마라.

_____ _____ the science museum today.

⑱ 오늘 과학 박물관을 방문하지 마세요.

_____ _____ visit the science museum _____.

 알아두면 좋아요

필수 단어 tonight 오늘 밤 go to the movies 영화 보러 가다 this weekend 이번 주말 museum 박물관
visit 방문하다 today 오늘

31

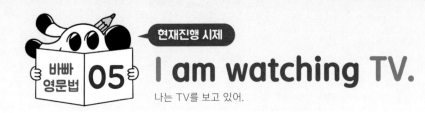

바빠 영문법 05

현재진행 시제

I am watching TV.

나는 TV를 보고 있어.

✪ 지금 '~하고 있는 중이야'는 <am/are/is + (동사원형)-ing>로 쓴다

전화 건 친구가 '뭐 하고 있니?'라고 물으면 'TV를 보고 있는 중이야.'처럼 대답하지. 이렇게 지금 하고 있는 일을 말할 때는 동사를 어떻게 바꿔야 할까? am, are, is 중 주어에 맞는 것을 골라 앞에 쓰고 동사원형에 -ing 꼬리를 붙이면 돼.

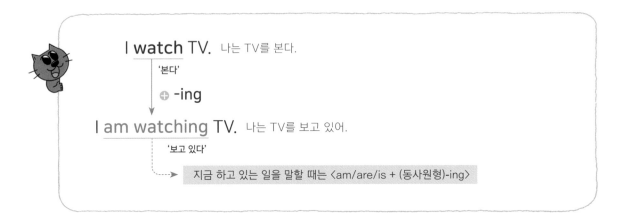

I **watch** TV. 나는 TV를 본다.

'본다'

➕ -ing

I <u>am watching</u> TV. 나는 TV를 보고 있어.

'보고 있다'

지금 하고 있는 일을 말할 때는 <am/are/is + (동사원형)-ing>

✪ am, are, is의 주어 짝꿍은 그대로

주어	동사	예문
I	am ~ing	I am taking a walk. 나는 산책하고 있어.
We / You / They	are ~ing	They are taking a walk. 그들은 산책하고 있어.
He / She / It	is ~ing	She is taking a walk. 그녀는 산책하고 있어.

✪ (동사원형)-ing의 모양은 이렇게

대부분의 동사: **동사원형** ➕ **-ing**	-e로 끝나는 동사: e를 빼고 ➕ **-ing**
eat → **eat**ing	make → **mak**ing
[단모음 + 단자음] 동사: 마지막 자음을 하나 더 쓰고 ➕ **-ing**	-ie로 끝나는 동사: ie를 y로 고치고 ➕ **-ing**
swim → **swimm**ing	lie → **ly**ing

나는 / 한다 / 나의 숙제를.

1 **I do** my homework.

I _____ _____ my homework.
나는 / 하고 있다 / 나의 숙제를.

그녀는 / 노래한다 / 노래를.

2 She **sings** a song.

She _____ _____ a song.
그녀는 / 노래하고 있다 / 노래를.

우리는 / 탄다 / 자전거를.

3 We **ride** a bike.

We _____ _____ a bike.
우리는 / 타고 있다 / 자전거를.

그들은 / 달린다.

4 They **run**.

They _____ _____.
그들은 / 달리고 있다.

그는 / 수영한다 / 바다에서.

5 He **swims** in the sea.
물 '안에' 들어가 수영하니까 in

He _____ _____ in the sea.
그는 / 수영하고 있다 / 바다에서.

나는 / 눕는다 / 잔디 위에.

6 I **lie** on the grass.

I _____ _____ on the grass.
나는 / 누워 있다 / 잔디 위에.

Word Check

노래하다
s i n [ ]

타다
r [ ] d e

눕다
l i [ ]

풀, 잔디
g [ ] a s s

1 We _____ sitting on the grass.
우리는 / 앉아 있다 / 잔디 위에.

잔디 '위에'
앉으니까 on

2 He _____ _____ on the grass.
그는 / 앉아 있다 / 잔디 위에.

3 I _____ _____ on the grass.
나는 / 앉아 있다 / 잔디 위에.

4 I am lying _____ _____ _____.
나는 / 누워 있다 / 잔디 위에.

5 My daughter _____ _____ on the grass.
내 딸은 / 누워 있다 / 잔디 위에.

6 My sons _____ _____ _____ the grass.
내 아들은 / 누워 있다 / 잔디 위에.

am, are, is는 현재진행 시제를
돕는 도우미 역할을 해.

7 My sons are _____ lunch on the grass.
내 아들은 / 먹고 있다 / 점심을 / 잔디 위에서.

8 My sons _____ having _____ in the kitchen.
내 아들들은 / 먹고 있다 / 점심을 / 주방에서.

9 My son _____ _____ lunch _____ _____ _____.
내 아들은 / 요리하고 있다 / 점심을 / 주방에서.

10 My daughters _____ cooking lunch in the kitchen.
내 딸들은 / 요리하고 있다 / 점심을 / 주방에서.

다음 동사를 -ing 형태로 바꿔 쓰세요.

1. sit → _____

2. swim → _____

3. have → _____

4. lie → _____

1

수지는 그녀의 방에서 공부하고 있어.

Susie _____ _____ in her room.

2

수지의 언니는 그녀의 방에서 공부하고 있어.

Susie's _____ _____ _____ in her room.

3

수지의 언니들은 그들의 방에서 공부하고 있어.

도전! 문장 쓰기

_____

4

수지의 언니들은 그들의 방에서 잠자고 있어.

_____ _____ _____ sleeping in their room.

5

수지의 오빠는 그의 방에서 잠자고 있어.

Susie's brother _____ _____ _____ _____ _____.

6

수지의 오빠는 그의 방에 누워 있어.

_____ brother _____ lying in _____ room.

7

수지의 오빠들은 그들의 방에 누워 있어.

Susie's brothers are _____ in _____ room.

8

수지의 오빠들은 바닥에 누워 있어.

Susie's brothers _____ _____ on the floor.

9

수지의 오빠들은 바닥에서 놀고 있어.

도전! 문장 쓰기

_____

10 그의 친구는 바닥에서 놀고 있어.

His friend _____ _____ _____ _____ _____.

11 그의 친구는 운동장에서 놀고 있어.

His friend _____ _____ on the ground.

12 나는 운동장에서 놀고 있어.

도전! 문장 쓰기

_____

13 나는 운동장에서 달리고 있어.

I _____ _____ on the ground.

14 그 아이는 운동장에서 달리고 있어.

The child _____ running _____ the _____.

15 그 아이들은 운동장에서 달리고 있어.

The children _____ _____ on the ground.

16 그 아이들은 운동장에서 자전거를 타고 있어.

The _____ are _____ a bike _____ _____ _____.

17 그 아이들은 거리에서 자전거를 타고 있어.

The children _____ riding a bike on the street.

18 그는 거리에서 자전거를 타고 있어.

도전! 문장 쓰기

_____

He isn't watching TV.
그는 TV를 보고 있지 않아.

✪ 현재진행 시제의 부정문은 am, are, is 바로 뒤에 not을 쓴다

am, are, is를 썼던 문장들을 기억하지? '~ 아니야!'라고 부정할 때 **부정어 not 하나**면 해결됐잖아! 현재진행 시제도 마찬가지야. **am, are, is 바로 뒤에 not**을 넣으면 되는 거지!

He is ⏟ watching TV. 그는 TV를 보고 있지 않아.
     not

➡ '~하고 있지 않다': am, are, is 바로 뒤에 not

✏️ **쓰면서 확인해 봐요!**

현재진행 시제의 긍정문	현재진행 시제의 부정문
I **am working** today. 나는 오늘 일하고 있어.	I ¹ _____ today. 나는 오늘 일하고 있지 않아.
They **are having** dinner now. 그들은 지금 저녁을 먹고 있어.	They ² _____ dinner now. 그들은 지금 저녁을 먹고 있지 않아.
She **is cutting** the apple. 그녀는 사과를 자르고 있어.	She ³ _____ the apple. 그녀는 사과를 자르고 있지 않아.

 알아두면 좋아요

현재진행 시제의 구체적인 쓰임을 알아보자!

① 말하고 있는 바로 그 순간 일어나고 있는 **행동이나 상황**을 나타낸다.

② 말하는 바로 그 시점에 동작이 일어나지 않더라도, 일정 기간 진행되고 있는 행위에 대해서도 현재진행 시제를 사용한다.
I am working today. 나는 오늘 일하고 있어.

③ 상태를 나타내는 동사는 진행 시제에 사용 불가능 vs. 동작을 나타낼 때는 진행 시제에 사용 가능
They are having a bag. (×) → They have a bag. (○) 그들은 가방을 가지고 있어.
They are having dinner. (○) 그들은 저녁을 먹고 있어.

> 상태를 나타내는 동사에는
> have, know, like, want
> 등이 있어!

1

나는 / 보고 있다 / 영화를.
I am seeing a movie.

I _____ _____ _____ a movie.
나는 / 보고 있지 않다 / 영화를.

2

그녀는 / 타고 있다 / 버스에.
She is getting on the bus.

She _____ _____ _____ on the bus.
그녀는 / 타고 있지 않다 / 버스에.

m o v i ☐

3

그들은 / 자르고 있다 / 나무들을.
They are cutting the trees.

They _____ _____ _____ the trees.
그들은 / 자르고 있지 않다 / 나무들을.

d i ☐ n e r

4

나는 / 누워 있다 / 침대에.
I am lying on the bed.

I _____ _____ _____ on the bed.
나는 / 누워 있지 않다 / 침대에.

5

그는 / 요리하고 있다 / 저녁을.
He is cooking dinner.

He _____ _____ _____ dinner.
그는 / 요리하고 있지 않다 / 저녁을.

t o g e t ☐ e r

6

우리는 / 공부하고 있다 / 함께.
We are studying together.

We _____ _____ _____ together.
우리는 / 공부하고 있지 않다 / 함께.

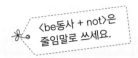

<be동사 + not>은
줄임말로 쓰세요.

1 My father _____ _____ today.
나의 아버지는 / 일하고 있지 않다 / 오늘.

2 My parents _____ _____ today.
나의 부모님은 / 일하고 있지 않다 / 오늘.

3 My _____ aren't _____ now.
나의 부모님은 / 일하고 있지 않다 / 지금.

4 My parents _____ _____ a movie.
나의 부모님은 / 보고 있지 않다 / 영화를.

5 My mother _____ watching a _____.
나의 엄마는 / 보고 있지 않다 / 영화를.

6 My mother _____ _____ the dishes.
나의 엄마는 / 씻고 있지 않다 / 그릇들을.

7 I _____ _____ washing the _____.
나는 / 씻고 있지 않다 / 그릇들을.

8 I _____ _____ _____ a shower.
나는 / 하고 있지 않다 / 샤워를.

9 They _____ taking _____ _____.
그들은 / 하고 있지 않다 / 샤워를.

10 He _____ _____ a _____.
그는 / 하고 있지 않다 / 샤워를.

문제로 문법 정리

괄호 안의 표현 중 알맞은 것을 고르세요.

1. My brother (isn't / aren't)
   taking a shower.

2. They are (no / not) lying
   on the grass.

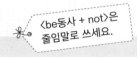

<be동사 + not>은
줄임말로 쓰세요.

1 존은 버스를 기다리고 있지 않다.

John _____ waiting for a bus.

2 존은 그의 친구들을 기다리고 있지 않다.

John _____ _____ _____ his friends.

3 제인은 그녀의 친구들을 기다리고 있지 않다.

도전! 문장 쓰기

_____

4 제인은 그녀의 친구들을 만나고 있지 않다.

Jane _____ meeting her friends.

5 나는 내 친구들을 만나고 있지 않다.

I _____ _____ _____ my friends.

6 나는 내 친구들에게 말하고 있지 않다.

I _____ _____ talking to my friends.

7 그들은 그들의 친구들에게 말하고 있지 않다.

They _____ _____ _____ their friends.

8 그들은 지금 말하고 있지 않다.

They _____ talking at the moment.

9 그들은 지금 수영하고 있지 않다.

They _____ _____ at the moment.

10 프레드는 지금 수영하고 있지 않다.

Fred _____ swimming _____ _____ _____.

11 우리는 지금 수영하고 있지 않다.

_____

도전! 문장 쓰기

12 우리는 컴퓨터를 사용하고 있지 않다.

We _____ using the computer.

13 브라운 씨는 컴퓨터를 사용하고 있지 않다.

Ms. Brown _____ _____ the computer.

14 브라운 씨는 그녀의 스마트폰을 사용하고 있지 않다.

_____ _____ _____ _____ her smartphone.

15 스미스 씨는 그의 스마트폰을 사용하고 있지 않다.

Mr. Smith _____ _____ _____ _____.

16 그는 컴퓨터를 사용하고 있지 않다.

He _____ _____ the computer.

17 그는 컴퓨터로 작업하고 있지 않다.

He _____ working on the _____.

18 나는 컴퓨터로 작업하고 있지 않다.

_____

도전! 문장 쓰기

알아두면 좋아요

필수 단어 wait for ~을 기다리다 talk to ~에게[~와] 말하다 at the moment 지금(= now) use 사용하다 smartphone 스마트폰
work on ~로 작업하다

바빠 영문법 07

현재진행 시제의 의문문

Is she watching TV?
그녀는 TV를 보고 있니?

Unit 07 듣기

✪ 물어볼 때는 am, are, is(be동사)를 주어 앞으로

현재진행 시제라고 의문문을 만드는 방법이 다르지는 않아. 물어볼 때는 am, are, is를 주어 앞으로 보내기만 하면 되는 거야!

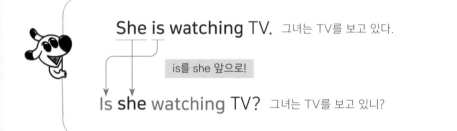

She is watching TV. 그녀는 TV를 보고 있다.

is를 she 앞으로!

Is she watching TV? 그녀는 TV를 보고 있니?

✪ 응답은 Yes나 No로 간단하게

✎ 쓰면서 확인해 봐요!

현재진행 시제의 긍정문	긍정의 대답	부정의 대답
Am I going the right way? 내가 맞는 길로 가고 있는 거야?	**Yes**, you are.	1 _____
Are you watching TV? 너는 TV를 보고 있니?	2 _____	**No**, I'm not.
Are they watching TV? 그들은 TV를 보고 있니?	**Yes**, they are.	3 _____
Is he watching TV? 그는 TV를 보고 있니?	4 _____	**No**, he isn't.
Is it raining? 비가 오고 있니?	**Yes**, it is.	5 _____

└ 날씨, 시간, 날짜, 요일, 명암, 거리, 온도 등에 관해
  말할 때는 it(비인칭주어)에 '그것'이라는 의미가 없어.
└ 따라서 '그것'이라고 해석하지 않아.

42

정답 1 No, you aren't. 2 Yes, I am. 3 No, they aren't. 4 Yes, he is. 5 No, it isn't.

그녀는 / 입고 있다 / 드레스를.
She is wearing a dress.

1 _____

_____ _____ _____ a dress?
~이니 / 그녀는 / 입고 있는 / 드레스를?

너는 / 되고 있다 / 목이 마른. ← get + 형용사: ~되다, ~해지다
You are getting thirsty.

2

_____ _____ _____ thirsty?
~이니 / 너는 / 되고 있는 / 목이 마른?

입다
w e [ ] r

(비인칭주어) / 눈이 오고 있다.
It is snowing.

3 _____

_____ _____ _____ ?
~이니 / (비인칭주어) / 눈이 오고 있는?

목이 마른
t h [ ] r s [ ] y

그들은 / 기다리고 있다 / 나를.
They are waiting for me.

4

_____ _____ _____ for me?
~이니 / 그들은 / 기다리고 있는 / 나를?

그는 / 일하고 있다 / 컴퓨터로.
He is working on the computer.

5 _____

_____ _____ _____ on the computer?
~이니 / 그는 / 일하고 있는 / 컴퓨터로?

눈이 오다
s n o [ ]

우리는 / 가고 있다 / 맞는 길로.
We are going the right way.

6

_____ _____ _____ the right way?
~이니 / 우리는 / 가고 있는 / 맞는 길로?

기다리다
[ ] a i t

1 _____ he _____ the novel? — Yes, he _____.
~이니 / 그는 / 읽고 있는 / 그 소설을? 응, 그래.

2 _____ _____ _____ the magazine? — No, he _____.
~이니 / 그는 / 읽고 있는 / 그 잡지를? 아니, 안 그래.

3 _____ _____ reading the _____? — Yes, _____.
~이니 / 그들은 / 읽고 있는 / 그 잡지를? 응, 그래.

4 _____ _____ bringing the magazine? — No, they _____.
~이니 / 그들이 / 가져 오고 있는 / 그 잡지를? 아니, 안 그래.

5 _____ _____ _____ the book? — Yes, _____ _____.
~이니 / 그들이 / 가져 오고 있는 / 그 책을? 응, 그래.

6 _____ _____ bringing the _____? — _____, I'm _____.
~이니 / 너는 / 가져 오고 있는 / 그 책을? 아니, 안 그래.

7 _____ _____ buying the book? — Yes, _____ _____.
~이니 / 너는 / 사고 있는 / 그 책을? 응, 그래.

8 _____ _____ _____ the car? — No, _____ _____.
~이니 / 너는 / 사고 있는 / 그 차를? 아니, 안 그래.

9 _____ you driving the _____? — Yes, _____ _____.
~이니 / 네가 / 운전하고 있는 / 그 차를? 응, 그래.

10 _____ _____ _____ the car? — No, she _____.
~이니 / 그녀가 / 운전하고 있는 / 그 차를? 아니, 안 그래.

1. 그는 마루에 누워 있니?

_____ _____ _____ on the floor?

2. 그녀는 마루에 누워 있니?

_____ _____ lying _____ the floor?

3. 그녀는 마루에서 춤추고 있니?

_____ _____ dancing on the floor?

4. 그들은 마루에서 춤추고 있니?

도전! 문장 쓰기

_____

5. 그들은 무대에서 춤추고 있니?

_____ _____ _____ on the stage?

6. 그들은 무대에서 노래하고 있니?

_____ _____ _____ on the stage?

7. 그는 무대에서 노래하고 있니?

도전! 문장 쓰기

_____

8. 네 반 친구는 무대에서 노래하고 있니?

Is your classmate _____ _____ _____ _____?

9. 네 반 친구는 여기로 오고 있니?

_____ your classmate _____ here?

10. 너는 여기로 오고 있니?

도전! 문장 쓰기

_____

11 네가 나를 찾고 있니?

_____ _____ looking for me?

12 그녀가 나를 찾고 있니?

_____ she _____ _____ _____?

13 그녀가 그들을 찾고 있니?   아니, 안 그래.

Is she _____ _____ _____? — No, _____ _____.

14 그녀가 그들을 보고 있니?   응, 그래.

_____ _____ looking at them? — _____

15 그들이 그녀를 보고 있니?   아니, 안 그래.

Are they _____ _____ _____? — _____

16 그것이 그녀를 보고 있니?   아니, 안 그래.

_____ _____ _____ at her? — _____

17 비가 오고 있니?   응, 그래.

_____ _____ raining? — Yes, it is.

18 눈이 오고 있니?

_____

알아두면 좋아요

필수 단어 lie on ~에 눕다 floor 마루, 바닥 stage 무대 classmate 반 친구 look for ~을 찾다 look at ~을 보다

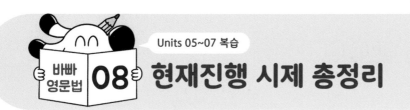

01 비교하면 답이 보인다!

1

나는 / 찾고 있다 / 시계를.
I am looking for a watch.

I _____ _____ _____ for a watch.
나는 / 찾고 있지 않다 / 시계를.

2

그녀는 / 앉아 있다 / 의자에.
She **is sitting** on the chair.

She _____ _____ on the chair.
그녀는 / 앉아 있지 않다 / 의자에.

3

너는 / 그리고 있다 / 네 얼굴을. ┌ draw: [(색)연필, 파스텔 등으로] 그리다
You **are drawing** your face.

_____ _____ _____ your face? — _____, I am.
~이니 / 너는 / 그리고 있는 / 네 얼굴을? 응, 그래.

4

그는 / 그리고 있다 / 저 집을.
He **is painting** that house. ┌ paint: (물감과 붓으로) 그리다; 페인트칠하다

_____ _____ _____ that house? — No, he _____.
~이니 / 그는 / 그리고 있는 / 저 집을? 아니, 안 그래.

5

(비인칭주어) / 눈이 오고 있다 / 밖에.
It **is snowing** outside.

_____ _____ _____ outside? — Yes, _____ _____.
~이니 / (비인칭주어) / 눈이 오고 있는 / 밖에? 응, 그래.

1 He _____ _____ his hands.
그는 그의 손을 씻고 있다.

2 _____ _____ washing _____ face.
그는 세수하고 있다.

3 _____ _____ _____ my face.
나는 세수하고 있다.

4 _____
나는 세수하고 있지 않다.

5 I _____ _____ painting my face.
나는 내 얼굴을 그리고 있지 않다.

6 _____ _____ _____ his face.
그녀는 그의 얼굴을 그리고 있지 않다. (동사 paint 활용)

7 She is _____ _____ _____.
그녀는 그의 얼굴을 그리고 있다. (동사 paint 활용)

8 She _____ _____ her house.
그녀는 그녀의 집에 페인트칠을 하고 있다.

9 _____
그녀는 그녀의 집에 페인트칠을 하고 있니?

10 _____ _____ _____ their house?
그들은 그들의 집에 페인트칠을 하고 있니?

48

⑪ They _____ _____ _____ _____.

그들은 그들의 집에 페인트칠을 하고 있다.

⑫ They _____ painting the tree.

그들은 그 나무를 그리고 있다.

⑬ They _____ _____ _____ _____.

그들은 그 나무를 그리고 있지 않다. (동사 paint 활용)

⑭ You _____ _____ the tree.

너는 그 나무를 그리고 있지 않구나. (동사 paint 활용)

⑮ _____

너는 그 나무를 그리고 있구나. (동사 paint 활용)

⑯ _____ _____ painting the tree?

너는 그 나무를 그리고 있니?

⑰ _____

너는 그 나무 아래에 앉아 있니?

⑱ _____ _____ sitting under the tree?

그는 그 나무 아래에 앉아 있니?

 알아두면 좋아요

현재진행 시제를 다시 한 번 정리해 보자!

긍정문	부정문	의문문
You're lying on the bed.	You're not lying on the bed.	Are you lying on the bed?
They're having dinner.	They're not having dinner.	Are they having dinner?
He's running.	He's not running.	Is he running?

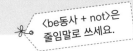
<be동사 + not>은
줄임말로 쓰세요.

1 너는 욕실을 청소하고 있니? 응, 그래.

_____ _____ _____ the bathroom? — Yes, I _____.

2 너는 욕실을 사용하고 있니? 아니, 안 그래.

_____ _____ using the _____? — No, I'm _____.

3 나는 욕실을 사용하고 있어.

_____ am _____ the _____.

4 나는 주방을 사용하고 있어.

I _____ _____ the kitchen.

5 나는 주방을 사용하고 있지 않아.

도전! 문장 쓰기

_____

6 수지는 주방을 사용하고 있지 않아.

Susie _____ _____ the kitchen.

7 수지는 주방을 사용하고 있어.

Susie _____ using the _____.

8 수지는 주방을 사용하고 있니?

도전! 문장 쓰기

_____

9 수지가 그 카메라를 사용하고 있니? 응, 그래.

_____ _____ _____ the camera? — Yes, she _____.

10 그들이 그 카메라를 사용하고 있니? 응, 그래.

_____ they using the _____? — Yes, they are.

11 그들이 그 카메라를 사용하고 있어.

_____ _____ _____ the camera.

12 그들은 그 카메라를 구입하고 있어.

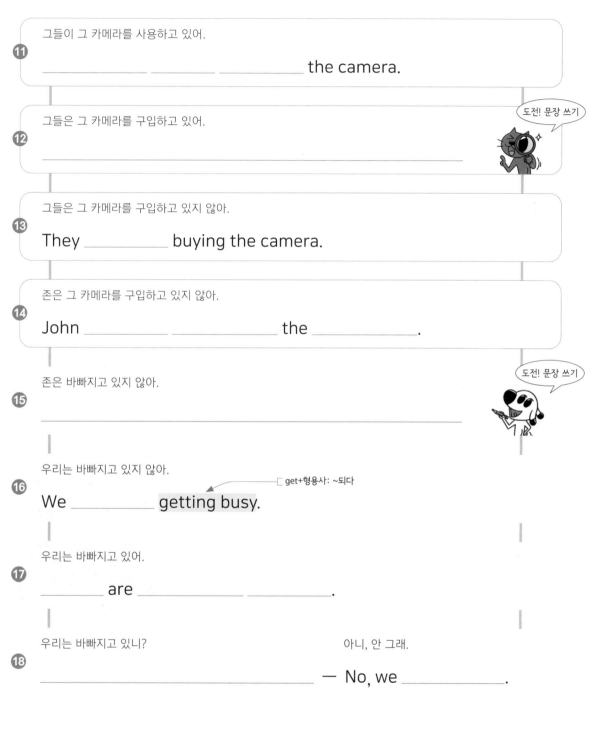

도전! 문장 쓰기

_____

13 그들은 그 카메라를 구입하고 있지 않아.

They _____ buying the camera.

14 존은 그 카메라를 구입하고 있지 않아.

John _____ _____ the _____.

15 존은 바빠지고 있지 않아.

도전! 문장 쓰기

_____

16 우리는 바빠지고 있지 않아.

☐ get+형용사: ~되다

We _____ getting busy.

17 우리는 바빠지고 있어.

_____ are _____ _____.

18 우리는 바빠지고 있니?   아니, 안 그래.

_____ — No, we _____.

 **알아두면 좋아요**

〈get + 형용사〉: ~되다 get busy 바빠지다 get hungry 배고파지다 get thirsty 갈증이 나다 get tired 피곤해지다
get cold 추워지다 get hot 더워지다 get cloudy 흐려지다 get dark 어두워지다

⭐ '~이었다', '있었다'는 was, were로 쓴다

am, are, is(be동사)로 '~이다', '있다'라는 의미를 나타낼 수 있었잖아. 그런데 '~이었다', '있었다'처럼 **과거의 일에 대해서 말할 때는 be동사의 과거형 was, were**를 써야 해.

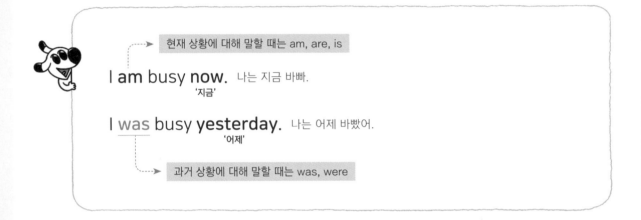

⭐ 주어에 따라 was, were도 짝이 다르다

주어가 I/she/he/it이면 was를 쓰고, we/you/they이면 were를 써야 해. 그래서 '그녀는 도서관에 있다.(She is in the library.)'라는 말을 '그녀는 도서관에 있었다.'로 바꾸면 '**She** was in the library.'가 되는 거지.

✏️ 쓰면서 확인해 봐요!

나는 바빴어.	→	I was busy.
너는 바빴어.	→	You ¹_____ busy.
그는 바빴어.	→	He was busy.
그녀는 바빴어.	→	She ²_____ busy.
그들은 바빴어.	→	They were busy.
우리는 바빴어.	→	We ³_____ busy.

정답 1 were 2 was 3 were

나는 / ~이다 / 교사.
1 I **am** a teacher.

I _____ a teacher.
나는 / ~이었다   / 교사.

너는   / ~이다 / 경찰관.
2 You **are** a police officer.

You _____ a police officer.
너는   / ~이었다   / 경찰관.

운동장, 놀이터

p l [ ] y g r [ ] u n d

그는   / ~이다 / 배우.
3 He **is** an actor.

He _____ an actor.
그는   / ~이었다   / 배우.

우리는 / 있다 / 운동장에   / 지금.
4 We **are** on the playground now.

We _____ on the playground yesterday.
우리는 / 있었다   / 운동장에   / 어제.

교실

c l a [ ] [ ] r o o m

그녀는   / 있다 / 교실에   . / 지금.
5 She **is** in the classroom now.

She _____ in the classroom yesterday.
그녀는   / 있었다   / 교실에   / 어제.

Tomorrow
Today
Yesterday
어제

[ ] e s t [ ] r d a y

그들은   / 있다 / 음악실에   / 지금.
6 They **are** in the music room now.

They _____ in the music room yesterday.
그들은   / 있었다   / 음악실에   / 어제.

1 He _____ hungry.
그는 / ~이었다 / 배고픈.

집의 내부 이름
dining room 식당 bedroom 침실
living room 거실 restroom 화장실

2 _____ _____ in the dining room.
그는 / 있었다 / 식당에.

3 We were _____ _____ _____ _____.
우리는 / 있었다 / 식당에.

4 We _____ tired.
우리는 / ~이었다 / 피곤한.

문제로 문법 정리

괄호 안의 단어 중 알맞은 것을 고르세요.

1. John (was / were) lazy.

2. They (was / were) in the dining room.

5 She _____ _____.
그녀는 / ~이었다 / 피곤한.

6 _____ _____ in her bedroom.
그녀는 / 있었다 / 그녀의 침실에.

7 _____ were in _____ _____.
너는 / 있었다 / 너의 침실에.

8 You _____ lazy.
너는 / ~이었다 / 게으른.

Mr. and Mrs. (성): ~ 씨 부부
Mr. and Mrs. Brown 브라운 씨 부부

9 Mr. and Mrs. Brown were _____.
브라운 씨 부부는 / ~이었다 / 게으른.

10 Mr. and Mrs. Brown _____ _____ _____.
브라운 씨 부부는 / 있었다 / 거실에.

1 우리는 집에 있었다.

We _____ at home.

2 내 여동생은 집에 있었다.

My sister _____ _____ _____.

3 내 여동생은 매우 바빴다.

_____ _____ _____ very busy.

4 스미스 씨는 매우 바빴다.

Mrs. Smith _____ _____ _____.

5 스미스 씨 부부는 매우 바빴다.

도전! 문장 쓰기

_____

6 스미스 씨 부부는 도서관에 있었다.

Mr. and Mrs. Smith _____ in the library.

7 그들은 도서관에 있었다.

_____ _____ in the library.

8 수지는 어제 도서관에 있었다.

도전! 문장 쓰기

_____

9 수지는 어제 교실에 있었다.

Susie _____ in the classroom yesterday.

10 우리는 어제 교실에 있었다.

_____ _____ in the classroom yesterday.

11 수지와 나는 어제 교실에 있었다.

Susie and I _____ _____ the _____ _____.

12 수지와 나는 어제 운동장에 있었다.

Susie and I _____ on the playground yesterday.

13 나는 어제 운동장에 있었다.

_____

14 나는 어제 운이 좋았다.

_____ _____ lucky yesterday.

15 나는 지난 주말에 운이 좋았다.

_____ _____ _____ last weekend.

16 너는 지난 주말에 운이 좋았다.

You _____ lucky _____ _____.

17 그들은 운이 좋았다.

_____ were _____.

18 그들은 조종사들이었다.

_____

시간 부사

10 We were busy yesterday.

우리는 어제 바빴어.

Unit 10 듣기

⭐ **시간 부사 now는 am, are, is와, yesterday는 was, were와 주로 같이 쓴다**

am, are, is는 현재 상황을 나타낼 때 쓰고, was, were는 예전에 있었던 상황을 나타낼 때 쓰잖아. 이때 구체적으로 '오늘' 바쁘다, '지금' 바쁘다, 혹은 '어제' 바빴다 식으로 시간을 나타내는 말을 덧붙여 줄 수 있어.

> We **are** busy <u>now</u>. 우리는 지금 바빠.
>
> → '지금'의 의미이므로 am, are, is와 함께 사용
>
> We **were** busy <u>yesterday</u>. 우리는 어제 바빴어.
>
> → '어제'의 의미이므로 was, were와 함께 사용

⭐ **시간을 나타내는 표현은 다양하다**

바로 '**어제**(yesterday)'나 '**지금**(now)'과 같은 말들을 '부사'라고 해. 부사는 **다른 말(동사, 형용사, 부사) 앞이나 뒤에 위치하여 뜻을 분명하게 전달해 주는 역할**을 하지.

이번 유닛에서는 부사 중에서도 현재나 과거 시간을 나타내는 말을 익혀 보기로 해. 시간을 나타내는 표현을 알아두면 동사의 시제를 판단하는 데 도움이 돼.

현재	과거
I **am** at home <u>now</u>. '지금' 나는 **지금** 집에 있어.	I **was** at home <u>yesterday</u>. '어제' 나는 **어제** 집에 있었어.
We **are** in London <u>this month</u>. '이번 달' 우리는 **이번 달**에 런던에 있어.	We **were** in London <u>last month</u>. '지난달' 우리는 **지난달**에 런던에 있었어.
He **is** in Paris <u>this year</u>. '올해' 그는 **올해** 파리에 있어.	He **was** in Paris <u>a year ago</u>. '1년 전' 그는 **1년 전**에 파리에 있었어.

1

그녀는 / ~이다 / 행복하지 않은 / 지금.

She **is** unhappy **now**.

She **was** unhappy _____.

그녀는 / ~이었다 / 행복하지 않은 / 어제.

2

우리는 / ~이다 / 교사들 / 지금.

We _____ teachers _____.

We **were** teachers **ten years ago**.

우리는 / ~이었다 / 교사들 / 10년 전에.

3

그들은 / 있다 / 파리에 / 이번 달에.

They **are** in Paris **this month**.

They _____ in Paris _____ _____.

그들은 / 있었다 / 파리에 / 지난달에.

4

있다 / 나무들이 / 지금.

There **are** trees **now**.

There _____ trees **a few years** _____.

있었다 / 나무들이 / 몇 년 전에.

5

나는 / 있다 / 도서관에 / 지금.

I _____ in the library **now**.

I _____ in the library _____ Monday.

나는 / 있었다 / 도서관에 / 지난 월요일에.

6

그것은 / ~이다 / 박물관 / 지금.

It **is** a museum _____.

It _____ a palace **a hundred** _____ _____.

그것은 / ~이었다 / 궁전 / 백 년 전에.

Word Check

행복하지 않은
☐ n h a p ☐ y

궁전
p a l ☐ c e

백, 100
☐ u n d r ☐ d

1 I was excited _____ _____ .
나는 / ~이었다 / 신이 난 / 지난 일요일에.

2 We _____ _____ last Sunday.
우리는 / ~이었다 / 신이 난 / 지난 일요일에.

3 We _____ sad _____ _____ .
우리는 / ~이었다 / 슬픈 / 지난 일요일에.

4 She was _____ _____ Sunday.
그녀는 / ~이었다 / 슬픈 / 지난 일요일에.

5 _____ _____ sad a few days ago.
그녀는 / ~이었다 / 슬픈 / 며칠 전에.

6 She _____ angry a few _____ _____ .
그녀는 / ~이었다 / 화가 난 / 며칠 전에.

7 They were angry _____ _____ _____ .
그들은 / ~이었다 / 화가 난 / 일주일 전에.

8 _____ _____ _____ a week ago.
그는 / ~이었다 / 화가 난 / 일주일 전에.

9 He _____ angry _____ week.
그는 / ~이었다 / 화가 난 / 지난주에.

10 He was worried _____ _____ .
그는 / ~이었다 / 걱정되는 / 지난주에.

알아두면 좋아요

ago(~ 전에)를 활용한 표현

ten days ago 10일 전
a few weeks ago 몇 주 전
two months ago 2개월 전
a year ago 1년 전

last(지난) + 시간을 나타내는 명사

last night 어젯밤
last Monday 지난 월요일
last week 지난주
last weekend 지난 주말
last month 지난달
last year 작년

과거 시제와 주로
같이 쓰는 표현들이니
꼭 기억해 두자~

우리 부모님은 오늘 집에 계신다.

1 My parents _____ at home _____.

우리 부모님은 지난 주말에 집에 계셨다.

2 My parents _____ at home _____ weekend.

우리 부모님은 지난 주말에 런던에 계셨다.

3 _____ _____ _____ in London _____ _____.

내 누나는 지난달에 런던에 있었다.

4 My sister _____ in London _____ _____.

내 누나는 이번 달에 런던에 있다.

5 My sister _____ in London _____ month.

내 누나는 지금 런던에 있다.

도전! 문장 쓰기

6 _____

내 누나와 나는 작년에 런던에 있었다.

7 My sister and I _____ in London _____ year.

내 누나와 나는 작년에 바빴다.

8 My sister and I _____ busy _____ _____.

나는 올해 바쁘다.

도전! 문장 쓰기

9 _____

우리는 올해 바쁘다.

10 We _____ _____ this year.

⑪ 우리는 1년 전에 바빴다.

_____ _____ busy a year ago.

⑫ 우리는 5년 전에 바빴다.

도전! 문장 쓰기

_____

⑬ 우리는 10년 전에 간호사들이었다.

We _____ nurses ten _____ _____.

⑭ 존은 10년 전에 간호사였다.

John _____ a nurse _____ _____ _____.

⑮ 존은 한 달 전에 입원해 있었다.　　　　　　　☐ be in the hospital: 입원해 있다

_____ _____ in the hospital a month _____.

⑯ 나는 이번 주에 입원해 있다.

I _____ in the hospital _____ _____.

⑰ 그들은 이번 주에 입원해 있다.

They _____ _____ _____ _____ this week.

⑱ 우리는 10일 전에 입원해 있었다.

도전! 문장 쓰기

_____

알아두면 좋아요

today, this week[month, year]를 과거 시제에도 쓸 수 있을까?

'오늘은 바쁘다'라고 말할 때는 'I am busy today.'라고 할 수 있잖아. 그런데 오늘(today) 하루가 거의 다 갔을 때 혹은 오전에 있었던 **상황을 오후에 말할 때는 'I was busy today.'라고 말할 수도 있어.** 이번 주(this week), 이번 달(this month), 혹은 올해(this year) 중에 이미 지나간 시간에 있었던 상황에 대해 얘기할 때도 마찬가지야. 즉, today, this week[month, year] 등은 현재 시제, 과거 시제에 모두 쓸 수 있는 거지.

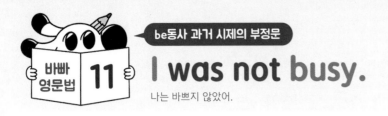

be동사 과거 시제의 부정문

I was not busy.
나는 바쁘지 않았어.

⭐ **was, were의 부정문은 바로 뒤에 not을 쓴다**

'아니었어~~!'라고 부정하고 싶을 때도 am, are, is와 마찬가지로 부정어 not 하나면
해결돼! was, were 바로 뒤에 not을 넣으면 되는 거지!

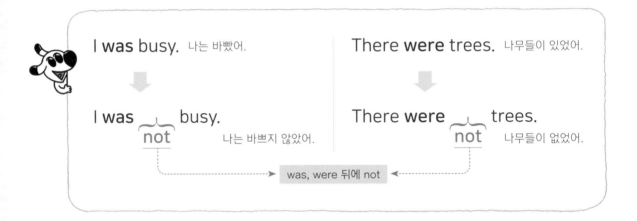

I was busy. 나는 바빴어.

I was not busy. 나는 바쁘지 않았어.

There were trees. 나무들이 있었어.

There were not trees. 나무들이 없었어.

was, were 뒤에 not

⭐ **부정문을 만들 때 no를 쓸 수도 있다**

'There was/were ~'의 부정문은 was, were 다음에 주로 no를 넣어 만들어.

be동사 과거 시제의 긍정문	be동사 과거 시제의 부정문
I was in Seoul. 나는 서울에 있었어.	I was not in Seoul. 나는 서울에 없었어.
They were in Seoul. 그들은 서울에 있었어.	They were not in Seoul. 그들은 서울에 없었어.
There was a tree by the lake. 호수 옆에 나무 한 그루가 있었어.	There was no tree by the lake. 호수 옆에 나무가 없었어.
There were trees by the lake. 호수 옆에 나무들이 있었어.	There were no trees by the lake. 호수 옆에 나무들이 없었어.

by(~ 옆에)
= beside
= next to

⭐ **was/were not을 줄여 쓸 수 있다**

was not → wasn't

were not → weren't

not에서 o를 빼고
'를 넣어 주면 돼.

62

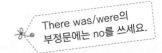

There was/were의
부정문에는 no를 쓰세요.

1

나는 / ~이었다 / 피곤한.
I **was** tired.

I **was not** tired.
나는 / 아니었다 / 피곤한.

s t __ t i o n

2

내 친구들은 / 있었다 / 박물관에.
My friends _____ in the museum.

My friends _____ _____ in the museum.
내 친구들은 / 없었다 / 박물관에.

3

제인은 / 있었다 / 중식당에.
Jane _____ in the Chinese restaurant.

Jane _____ _____ in the Chinese restaurant.
제인은 / 없었다 / 중식당에.

b __ i l d i __ g

4

있었다 / 역이 / 여기에.
There _____ a station here.

There _____ _____ station here.
없었다 / 역이 / 여기에.

5

있었다 / 건물들이 / 거기에.
There _____ buildings there.

There _____ _____ buildings there.
없었다 / 건물들이 / 거기에.

m __ u n __ a i n

6

있었다 / 산들이 / 거기에.
There _____ mountains there.

There _____ _____ mountains there.
없었다 / 산들이 / 거기에.

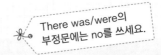

There was/were의
부정문에는 no를 쓰세요.

1 There _____ no clock in my house.
없었다 / 시계가 / 내 집에.

2 There were _____ clocks in my house.
없었다 / 시계들이 / 내 집에.

3 _____ were _____ beds _____ _____ _____.
없었다 / 침대들이 / 내 집에.

4 There _____ _____ bed in my house.
없었다 / 침대가 / 내 집에.

5 _____ was _____ sofa in my house.
없었다 / 소파가 / 내 집에.

6 There _____ _____ sofas in my house.
없었다 / 소파들이 / 내 집에.

7 _____ _____ _____ flowers in my house.
없었다 / 꽃들이 / 내 집에.

8 There _____ _____ _____ _____ my room.
없었다 / 꽃들이 / 내 방에.

9 There _____ _____ photos in my room.
없었다 / 사진들이 / 내 방에.

10 There _____ _____ photo _____ _____ _____.
없었다 / 사진이 / 내 방에.

알아두면 좋아요

부정문에 no를 쓸 때 주의!

부정문에 no를 쓸 때는 단수 명사가 오더라도 앞에 'a'를 쓰지 않는다는 점에 주의해야 해. 단수 명사 앞에 any를 쓸 때도 'a'가 들어가지 않아.

There **were no** beds.
= There **weren't** beds.
= There **weren't any** beds.

There **was no** bed.
= There **wasn't a** bed.
= There **wasn't any** bed.

1

프레드는 서울에 없었다.

Fred _____ _____ in Seoul.

2

프레드와 제인은 서울에 없었다.

Fred and Jane _____ _____ _____ _____.

3

프레드와 제인은 부산에 없었다.

_____ _____ _____ _____ _____ in Busan.

4

프레드와 제인은 배고프지 않았다.

Fred and Jane _____ _____ hungry.

5

제인은 배고프지 않았다.

도전! 문장 쓰기

_____

6

제인은 목이 마르지 않았다.

Jane _____ _____ thirsty.

7

제인과 나는 목이 마르지 않았다.

Jane and I _____ _____ _____.

8

제인과 나는 피곤하지 않았다.

Jane and I _____ _____ tired.

9

나는 피곤하지 않았다.

도전! 문장 쓰기

_____

10

그 코치는 피곤하지 않았다.

The coach _____ _____ _____.

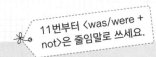
11번부터 〈was/were + not〉은 줄임말로 쓰세요.

11 그 코치들은 피곤하지 않았다.

도전! 문장 쓰기

_____

12 그 코치들은 걱정하지 않았다.

The coaches _____ worried.

13 그 선수들은 걱정하지 않았다.

The players _____ _____.

14 그 선수는 걱정하지 않았다.

도전! 문장 쓰기

_____

15 그 선수는 속상하지 않았다.

The _____ _____ upset.

16 그 학생은 속상하지 않았다.

The student _____ _____.

17 그 학생들은 속상하지 않았다.

The students _____ upset.

18 그 학생들은 신나지 않았다.

The _____ _____ excited.

 **알아두면 좋아요**

필수 형용사 hungry 배고픈 thirsty 목이 마른, 갈증이 나는 tired 피곤한 worried 걱정하는 upset 속상한, 마음이 상한
excited 신이 난, 흥분한

바빠 영문법 12

be동사 과거 시제의 의문문

Were you busy?

너는 바빴니?

☆ 지난 일을 물어볼 때는 was, were를 주어 앞으로

am, are, is의 과거형 was, were를 쓰는 문장도 물어볼 때는 was, were를 주어 앞으로
보내는 거야!

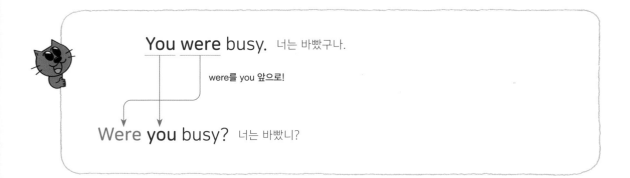

You were busy. 너는 바빴구나.

were를 you 앞으로!

Were you busy? 너는 바빴니?

☆ 대답은 Yes나 No로 하면 돼!

✏️ 쓰면서 확인해 봐요!

be동사 과거 시제의 의문문	긍정의 대답	부정의 대답
Was I lazy? 내가 게을렀니?	**Yes**, you were.	1 _____
2 _____ you unhappy? 너는 기분이 안 좋았니?	**Yes**, I was.	**No**, I wasn't.
3 _____ it heavy? 그것은 무거웠니?	**Yes**, it was.	**No**, it wasn't.
Was there a ball in it? 그 안에 공이 하나 있었니?	4 _____	**No**, there wasn't.
Were there any balls in it? 그 안에 공들이 좀 있었니?	**Yes**, there were.	5 _____

Were you busy?
너는 바빴니?

Yes, I was (busy).
응, 나는 바빴어.

1

그녀는 / ~이었다 / 목이 마른.
She was thirsty.

Was she thirsty? — Yes, _____ _____.
~이었니 / 그녀는 / 목이 마른?　　　　　응, 그랬어.

2

너는 / ~이었다 / 늦은 / 학교에.
You were late for school.

_____ _____ late for school? — No, _____ _____.
~이었니　　　 / 너는　　　 / 늦은 / 학교에?　　　　아니, 안 늦었어.

3

있었다 / 오렌지들이 / 쟁반 위에.
There were oranges on the tray.

_____ _____ oranges on the tray? — No, there _____.
있었니　　　　　　　　 / 오렌지들이 / 쟁반 위에?　　　아니, 없었어.

4

있었다 / 약간의 과일이 / 냉장고 안에.
There was some fruit in the fridge. ┌─ there is/are의 의문문에는
└─ 양이나 수를 나타내는 any가 쓰여.

_____ _____ any fruit in the fridge? — Yes, _____ was.
있었니　　　　　　　 / 과일이 좀 / 냉장고 안에?　　　응, 있었어.

5

그들은 / 있었다 / 여기에 / 어제.
They were here yesterday.

_____ _____ here yesterday? — Yes, they _____.
있었니　　　　 / 그들은　　　 / 여기에 / 어제?　　　응, 그랬어.

6

그것은 / ~이었다 / 궁전 / 여러 해 전에.
It was a palace many years ago.

_____ _____ a palace many years ago? — No, it _____.
~이었니　　　 / 그것은　　 / 궁전 / 여러 해 전에?　　　아니, 안 그랬어.

1 _____ _____ a bench here?
있었니 / 벤치가 / 여기에?

2 _____ there any benches here?
있었니 / 벤치들이 좀 / 여기에?

3 _____ _____ any trees here?
있었니 / 나무들이 좀 / 여기에?

there의 쓰임:
① (장소) 거기에
② There is/are ~: ~이 있다

4 _____ _____ _____ there?
있었니 / 나무들이 좀 / 거기에?

5 _____ _____ a park there?
있었니 / 공원이 / 거기에?

6 _____ there a _____ _____?
있었니 / 박물관이 / 거기에?

7 Was _____ ____ museum in this town? — No, there _____.
있었니 / 박물관이 / 이 마을에? 아니, 없었어.

8 _____ there _____ _____ in this town? — Yes, there _____.
있었니 / 많은 박물관들이 / 이 마을에? 응, 있었어.

9 _____ _____ many theaters _____ _____ _____? — No, there weren't.
있었니 / 많은 극장들이 / 이 마을에? 아니, 없었어.

10 _____ a fish market in this town? — _____, there was.
있었니 / 어시장이 / 이 마을에? 응, 있었어.

1 그들은 도서관에 있었니?

_____ _____ in the library?

2 그들은 오늘 오후에 도서관에 있었니?

_____ _____ in the _____ this afternoon?

3 그는 오늘 오후에 도서관에 있었니?

도전! 문장 쓰기

_____

4 그는 오늘 오전에 도서관에 있었니?

_____ he in the library _____ morning?

5 그는 오늘 오전에 슈퍼마켓에 있었니?

_____ _____ in the supermarket _____ _____?

6 그는 어제 슈퍼마켓에 있었니?

_____ _____ _____ _____ yesterday?

7 그는 어제 뉴욕에 있었니?

_____ _____ in New York _____?

8 너는 어제 뉴욕에 있었니?

도전! 문장 쓰기

_____

9 너는 5년 전에 뉴욕에 있었니?

_____ you in New York five years ago?

10 당신은 5년 전에 교사였나요?

_____ _____ a teacher _____ _____ _____?

11 밀러 씨는 5년 전에 교사였나요?　　　　　　　　　　　　네, 그랬어요.

_____ Mrs. Miller _____ _____ five years ago? — Yes, _____ _____.

12 밀러 씨 부부는 5년 전에 교사였나요?　　　　　　　　　아니요, 아니었어요.

_____ Mr. and Mrs. Miller _____ five years ago? — No, _____ _____.

13 밀러 씨 부부는 5년 전에 가수였나요?　　　　　　　　　네, 그랬어요.

_____ — Yes, _____ were.

14 밀러 씨는 10년 전에 가수였나요?　　　　　　　　　　아니요, 아니었어요.

_____ Mr. Miller _____ _____ ten years ago? — No, _____ wasn't.

15 당신은 작년에 가수였나요?　　　　　　　　　　　　　네, 그랬어요.

_____ _____ __ _____ last year? — Yes, _____ _____.

16 너는 작년에 행복했니?　　　　　　　　　　　　　　　아니, 안 그랬어.

_____ you happy _____ _____? — No, _____ _____.

17 너는 지난 토요일에 행복했니?　　　　　　　　　　　응, 그랬어.

_____ _____ happy last Saturday? — Yes, _____ _____.

└─□ 요일은 첫 글자를 대문자로 써.

18 그녀는 지난 토요일에 행복했니?　　　　　　　　　　아니, 안 그랬어.

_____ — _____, she _____.

 알아두면 좋아요

this + 시간 표현 this morning 오늘 오전　this afternoon 오늘 오후　this evening 오늘 저녁　this week 이번 주
this weekend 이번 주말　this month 이번 달　this year 올해

감정을 나타내는 단어 happy 행복한　unhappy 불행한, 불만스러운, 기분이 좋지 않은　sad 슬픈　angry 화난　upset 속상한, 기분이 상한
excited 신이 난, 흥분한　tired 피곤한　afraid 두려운　worried 걱정하는

01 비교하면 답이 보인다!

1

그들은 / 있다 / 집에 / 오늘.

They _____ at home _____.

They _____ at home **last weekend**.

그들은 / 있었다 / 집에 / 지난 주말에.

2

있다 / 좋은 프로그램이 / 오늘 밤.

There _____ a good program **tonight**.

There _____ a good program **last night**.

있었다 / 좋은 프로그램이 / 어젯밤.

3

그와 나는 / ~이었다 / 학생들.

He and I _____ students.

He and I _____ _____ students.

그와 나는 / ~ 아니었다 / 학생들이.

4

있었다 / 호수들이 / 저기에.

There _____ lakes there.

_____ _____ lakes there?

있었니 / 호수들이 / 저기에?

5

제인은 / ~이었다 / 요리사 / 몇 년 전에.

Jane _____ a cook **several years ago**.

_____ _____ a cook _____ _____ _____?

~이었니 / 제인은 / 요리사 / 몇 년 전에?

1 _____ _____ a cook seven years ago.
그는 7년 전에 요리사였다.

2 He _____ _____ _____ _____ seven years ago.
그는 7년 전에 요리사가 아니었다.

3 He _____ _____ a dentist _____ _____ _____.
그는 7년 전에 치과의사가 아니었다.

4 _____
그들은 7년 전에 치과의사가 아니었다.

5 _____ _____ dentists last year.
그들은 작년에 치과의사였다.

6 Susie _____ a dentist _____ _____.
수지는 작년에 치과의사였다.

7 _____ _____ a reporter _____ _____.
수지는 작년에 기자였다.

8 _____ _____ _____ last year?
수지는 작년에 기자였니?

9 _____ Susie and Fred reporters last year?
수지와 프레드는 작년에 기자였니?

10 _____ Susie and Fred librarians?
수지와 프레드는 사서였니?

⑪ _____ _____ a librarian?
프레드는 사서였니?

⑫ _____
프레드는 사서였다.

⑬ John and Fred _____ librarians.
존과 프레드는 사서였다.

⑭ John and Fred _____ _____ _____.
존과 프레드는 사서가 아니었다.

⑮ _____ _____ _____ _____ announcers.
존과 프레드는 아나운서가 아니었다.

⑯ John _____ _____ an announcer several years ago.
존은 몇 년 전에 아나운서가 아니었다.

⑰ John _____ an announcer _____ _____ _____.
존은 몇 년 전에 아나운서였다.

⑱ _____
존은 몇 년 전에 아나운서였니?

 **알아두면 좋아요**

필수 단어 cook 요리사 dentist 치과의사 reporter 기자 librarian (도서관의) 사서 announcer 아나운서
several 몇몇의(a few와 many의 중간 정도)

① 너는 어제 피곤했니?　　　　　　　　　　응, 그랬어.

_____ _____ tired yesterday? — Yes, _____ _____.

② 그는 어제 피곤했니?　　　　　　　　　　응, 그랬어.

_____ — Yes, he was.

③ 그는 1시간 전에 피곤했니?　　　　　　　　아니, 안 그랬어.

_____ _____ tired an hour ago? — _____

┌ an hour ago: 1시간 전에(hour는 모음소리로
└ 시작하기 때문에 a가 아닌 an이 앞에 와.)

④ 그는 1시간 전에 졸렸어.

_____ _____ sleepy _____ hour ago.

⑤ 그는 1시간 전에 졸리지 않았어.

도전! 문장 쓰기

_____

⑥ 그는 1시간 전에 걱정하지 않았어.

He _____ _____ worried _____ _____ _____.

⑦ 우리는 1시간 전에 걱정하지 않았어.

_____ _____ _____ _____ an hour ago.

⑧ 그들은 나에 대해 걱정하지 않았어.

_____ _____ _____ _____ about me.

⑨ 그들은 나에 대해 걱정했어.

도전! 문장 쓰기

_____

⑩ 그들이 나에 대해 걱정했니?　　　　　　　응, 그랬어.

_____ _____ worried about me? — Yes, they _____.

75

⑪ 그녀가 나에 대해 걱정했니? 응, 그랬어.

_____ she _____ _____ me? — Yes, _____ _____.

⑫ 그녀가 나를 두려워했니? 아니, 안 그랬어.

_____ _____ afraid of me? — No, she wasn't.

⑬ 그들이 나를 두려워했니? 아니, 안 그랬어.

_____ — No, they _____.

⑭ 너는 나를 두려워했니? 아니, 안 그랬어.

_____ you _____ _____ me? — No, I wasn't.

⑮ 너는 그 개를 두려워했니? 응, 그랬어.

_____ _____ afraid of the dog? — _____

⑯ 너는 그 개를 두려워했어.

_____

⑰ 너는 그 개에 대해 걱정했어.

_____ _____ worried about the dog.

⑱ 그녀는 그 개에 대해 걱정했어.

She _____ _____ _____ the dog.

도전! 문장 쓰기

 알아두면 좋아요

필수 단어 be tired 피곤하다 sleepy 졸린 be worried about ~에 대해 걱정하다 be afraid of ~을 두려워하다

일반동사의 과거 시제 (규칙동사)

I played games.
나는 게임을 했어.

⭐ 이전에 한 일을 나타낼 때는 동사 형태에 변화가 생긴다

과거의 일을 나타내려면 동사에 어떤 변화를 줄까? 우리말에서는 '한다'는 '했다', '먹는다'는 '먹었다'가 돼. 바로 '았'이나 '었'을 넣어 '과거'의 의미를 나타내고 있어. 영어도 **과거의 일을 나타낼 때는 동사 형태에 변화**가 생겨.

우리말	영어
나는 게임을 '**한다**'.	I **play** games.
⬇	⬇
나는 게임을 '**했다**'.	I **play**ed games.

⭐ 과거형 동사에는 -(e)d의 꼬리가 붙는다

play와 played의 차이점은 뭘까? played는 **동사원형(play)에 -ed가 붙은 형태**라는 거야. -ed가 붙었을 때, 우리말에서 '~했다', '~었다'처럼 과거의 의미를 나타내는 거지. 그럼 **과거에 한 행동**을 말할 때 동사가 어떻게 바뀌는지 익혀 봐.

대부분의 동사는 ⊕ **-ed**	-e로 끝나는 동사는 ⊕ **-d**
want → want**ed**	live → live**d**
[모음 +-y]로 끝나는 동사는 ⊕ **-ed**	[자음 +-y]로 끝나는 동사는 **y를 i로 고치고** ⊕ **-ed**
play → play**ed**	study → stud**ied**

[단모음+단자음]으로 끝나면 마지막 자음을 하나 더 쓰고 ⊕ **-ed**

drop → drop**ped**

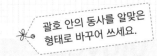

1 I _____ some apples. (want)
나는 / 원했다 / 약간의 사과를.

2 We _____ soccer. (play)
우리는 / (운동)했다 / 축구를.

3 She _____ her pet. (like)
그녀는 / 좋아했다 / 그녀의 애완동물을.

4 I _____ my book. (drop)
나는 / 떨어뜨렸다 / 내 책을.

5 They _____ science. (study)
그들은 / 공부했다 / 과학을.

6 You _____ him. (love)
너는 / 사랑했다 / 그를.

7 They _____ a vacation. (plan)
그들은 / 계획했다 / 휴가를.

8 The little girl _____. (cry)
그 어린 여자아이는 / 울었다.

9 He _____ TV. (watch)
그는 / 시청했다 / 텔레비전을.

10 He _____ at me. (look)
그는 / 바라봤다 / 나를.

Word Check

떨어뜨리다

d r o □

공부하다

s t □ d y

울다

□ r y

보다

l □ o k

78

1 She _____ me.
그녀는 / 좋아했다 / 나를.

2 She _____ _____ .
그녀는 / 좋아했다 / 그들을.

┌ look at: ~을 보다

3 She _____ at them.
그녀는 / 바라봤다 / 그들을.

4 I _____ _____ them.
나는 / 바라봤다 / 그들을.

5 I studied _____ .
나는 / 공부했다 / 그것들을.

6 I _____ history.
나는 / 공부했다 / 역사를.

7 He _____ _____ .
그는 / 공부했다 / 역사를.

8 He dropped his _____ _____ .
그는 / 떨어뜨렸다 / 그의 역사책을.

9 You _____ your book.
너는 / 떨어뜨렸다 / 네 책을.

┌ 과거형 동사 형태는 주어의 수나
└ 인칭에 상관없이 항상 똑같아!

10 _____ _____ her book.
그녀는 / 떨어뜨렸다 / 그녀의 책을.

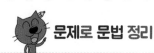 **문제로 문법 정리**

다음 동사의 과거형을 쓰세요.

1. love → _____

2. play → _____

3. watch → _____

4. drop → _____

1

그 아기는 울었다.

The baby _____.

2

그 어린 여자아이는 울었다.

The little girl _____.

3

그 어린 남자아이들은 울었다.

The _____ boys _____.

4

그 어린 남자아이들은 놀았다.

The _____ _____ played.

5

그 소년들은 놀았다.

The boys _____.

6

그 소년들은 게임을 했다.

_____ _____ _____ the games.

7

도전! 문장 쓰기

그들은 게임을 했다.

_____

8

그들은 축구를 했다.

_____ _____ soccer.

9

도전! 문장 쓰기

그는 축구를 했다.

_____

10

그는 피아노를 쳤다.

He _____ _____ _____.

⑪ 그는 그 피아노를 원했다.

_____

도전! 문장 쓰기

⑫ 그녀는 그 피아노를 원했다.

_____ _____ the piano.

⑬ 그녀는 그녀의 휴가를 원했다.

_____ wanted _____ vacation.

> 우리말에서는 휴가를 갖는 사람이 누구인지 분명한 상황이라면 '누구의' 휴가인지 굳이 말하지 않지만, 영어에서는 소유격을 써서 '누구의' 휴가인지 확실하게 밝혀 줄 때가 많아!

⑭ 그 여자는 그녀의 휴가를 원했다.

The woman _____ _____ _____.

⑮ 그 여자는 그녀의 휴가를 계획했다.

_____ _____ planned her vacation.

⑯ 우리는 우리의 휴가를 계획했다.

_____

도전! 문장 쓰기

⑰ 그들은 그들의 휴가를 계획했다.

They _____ their vacation.

⑱ 나는 내 휴가를 계획했다.

_____

도전! 문장 쓰기

 알아두면 좋아요

동사 play의 여러 가지 뜻

1. 놀다   They play together. 그들은 함께 논다.
2. (운동을) 하다   They play soccer. 그들은 축구를 한다.
3. (게임을) 하다   They play the games. 그들은 게임을 한다.
4. (악기를) 연주하다   They play the piano. 그들은 피아노를 연주한다.

I ate a sandwich.

나는 샌드위치를 먹었어.

⭐ 과거 형태가 불규칙하게 변하는 동사들이 있다

과거의 일에 대해 말할 때는 동사원형에 -ed만 붙이면 되는 줄 알았지? 그런데 아래 문장에서 eat(먹다)이 ate(먹었다)이 되는 것처럼 형태가 완전히 변하는 동사들도 있어.

> I **eat** a sandwich. 나는 샌드위치를 먹는다.
>
> eat의 과거형 ate으로!
>
> I **ate** a sandwich. 나는 샌드위치를 먹었다.
>
> 과거 시제: '먹었다'

⭐ 불규칙하게 변하는 동사들은 반드시 외워 두자!

이렇게 불규칙하게 변화하는 동사는 많이 반복해서 보고 쓰면서 외워 두는 게 좋아. 단, read, cut, put 같은 동사는 과거의 일을 말할 때에도 동사의 모양이 변하지 않으니까 주의해야 해.

> 아래 단어들은 정말 많이 나오니까 꼭 외우고 넘어가야 해. 빨간색 부분을 손으로 가리고 각 동사의 과거형을 소리 내어 말하는 연습을 해 보자.

현재	과거	현재	과거
buy 사다	bought 샀었다	meet 만나다	met 만났다
come 오다	came 왔었다	ride 타다	rode 탔었다
do 하다	did 했었다	run 달리다	ran 달렸다
eat 먹다	ate 먹었다	see 보다	saw 보았다
give 주다	gave 주었다	send 보내다	sent 보냈다
go 가다	went 갔다	swim 수영하다	swam 수영했다
have 가지다	had 가졌다	take 가지고 가다	took 가지고 갔다
make 만들다	made 만들었다	teach 가르치다	taught 가르쳤다

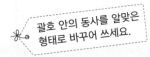
1 She _____ Fred on Friday. (meet)
그녀는 / 만났다 / 프레드를 / 금요일에.

2 I _____ him in the library. (see)
나는 / 봤다 / 그를 / 도서관에서.

3 He _____ to school. (go)
그는 / 갔다 / 학교에.

4 Jane _____ her homework. (do)
제인은 / 했다 / 그녀의 숙제를.

5 I _____ a book yesterday. (read)
나는 / 읽었다 / 책을 / 어제.

read의 발음 주의!
현재형: [ri:d]-[리드]
과거형: [red]-[레드]

6 They _____ home at five o'clock. (come)
그들은 / 왔다 / 집에 / 5시에.

7 Mr. Brown _____ science. (teach)
브라운 씨는 / 가르쳤다 / 과학을.

8 They _____ the trees. (cut)
그들은 / 잘랐다 / 나무들을.

9 We _____ breakfast at seven o'clock. (have)
우리는 / 먹었다 / 아침을 / 7시에.

10 I _____ last Sunday. (swim)
나는 / 수영했다 / 지난 일요일에.

Word Check

가르치다

t [ ] [ ] c h

자르다

[ ] u t

아침 (식사)

b r [ ] [ ] k f a s t

83

1 She _____ to the post office.
그녀는 / 갔다   / 우체국에.

2 _____ _____ to the park.
그녀는   / 갔다   / 공원에.

3 _____ rode a bike in the _____.
그녀는   / 자전거를 탔다   / 공원에서.

4 She _____ _____ _____ around the park.
그녀는 / 자전거를 탔다   / 공원 주변에서.

5 _____ _____ _____ _____ around the pond.
나는   / 자전거를 탔다   / 연못 주변에서.

6 I took a walk _____ _____ _____.
나는 / 산책했다   / 연못 주변에서.

7 We _____ _____ _____ around the pond.
우리는 / 산책했다   / 연못 주변에서.

8 _____ _____ a walk _____ the lake.
우리는   / 산책했다   / 호수를 따라.

9 _____ _____ along the lake.
우리는   / 달렸다   / 호수를 따라.

10 _____ ran _____ _____.
그들은   / 달렸다 / 호수를 따라.

문제로 문법 정리

다음 동사의 과거형을 찾아 선으로
연결하세요.

see   ·   · took

go   ·   · taught

take   ·   · went

teach   ·   · saw

1 그들은 아침을 먹었다.

They ate _____.

2 우리는 아침을 먹었다.

_____ _____ breakfast.

3 우리는 샌드위치들을 먹었다.

We _____ sandwiches.

4 그들은 샌드위치들을 먹었다. ── have는 '먹다'라는 뜻으로 쓰기도 해.
                              └─ eat 대신 쓸 수 있어.

_____ had _____.

5 그녀는 샌드위치들을 먹었다.

도전! 문장 쓰기

_____

6 그녀는 케이크를 먹었다.

She _____ a cake.

7 그녀가 케이크를 만들었다.

도전! 문장 쓰기

_____

8 그녀가 우리를 위해 케이크를 만들었다.

_____ made _____ _____ for us.

9 그녀가 우리를 위해 피자를 만들었다.

She _____ a pizza _____ _____.

10 엄마가 우리를 위해 피자를 만들었다.

도전! 문장 쓰기

_____

11 엄마가 우리에게 피자를 주었다.

Mom gave a _____ to us.

12 엄마가 내게 피자를 주었다.

_____ _____ a pizza to me.

13 엄마가 내게 티셔츠를 보냈다.

_____ sent a T-shirt _____ _____.

14 아빠가 내게 티셔츠를 보냈다.

도전! 문장 쓰기

_____

15 아빠가 내게 티셔츠를 사 주었다.

Dad bought _____ _____ for me.

16 그가 내게 티셔츠를 사 주었다.

_____ _____ a T-shirt _____ me.

17 그가 내게 햄버거를 사 주었다.

He _____ a hamburger _____ _____.

18 그가 그녀에게 햄버거를 사 주었다.

도전! 문장 쓰기

_____

알아두면 좋아요

필수 단어 eat 먹다(eat-ate) have 먹다; 가지다(have-had) sandwich 샌드위치 make 만들다(make-made)
give 주다(give-gave) send 보내다(send-sent) T-shirt 티셔츠 buy 사다(buy-bought) hamburger 햄버거

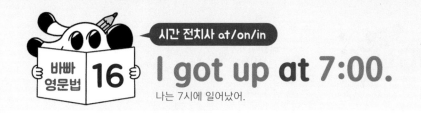

I got up at 7:00.

나는 7시에 일어났어.

⭐ 시간을 나타내는 말에 따라 어울리는 전치사가 있다

영어는 시간의 종류에 따라 어울리는 전치사가 따로 있어.

① '짧은 순간의 시간' 앞에는 at

I got up **at** 7:00. 나는 7시에 일어났어.

② '요일, 날짜, 특정한 날' 앞에는 on

I cleaned my room **on** Sunday. 나는 일요일에 내 방을 청소했어.

③ '월 단위 이상'일 때, 즉 '월, 계절, 연도, 세기' 앞에는 in

I went to Jeju Island **in** July. 나는 7월에 제주도에 갔어.

at	on	in
• 하루 중 일부 시간일 때	• 하루에 해당하는 시간일 때	• 1개월 이상의 시간일 때
at 8:00　at three o'clock 8시에　　3시에	on Monday 월요일에	in April　　in spring 4월에　　　봄에
at noon　at midnight 정오에　　자정에	on June 6th 6월 6일에	in 2023　　in the past 2023년에　　과거에
at dawn　at night 새벽에　　밤에	on Christmas Day 크리스마스 날에	in the future 미래에

⭐ 오전, 오후, 저녁 시간을 나타낼 때는 in을 쓴다

오전은 하루 중 12시 이전의 시간대, 오후는 12시 이후의 시간대를 가리키잖아.
이때는 전치사 in을 쓰니까 주의해야 해.

오전에　　　　　　　오후에　　　　　　　저녁에
in the morning　in the afternoon　in the evening

해 뜨는 시각　　　　　정오　　　　　해 지는 시각

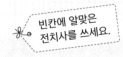

빈칸에 알맞은
전치사를 쓰세요.

1 I had breakfast _____ 8:00.
나는 / 아침을 먹었다 / 8시에.

2 I had lunch _____ noon.
나는 / 점심을 먹었다 / 정오에.

3 We watched TV _____ night.
우리는 / 텔레비전을 봤다 / 밤에.

n   i   □   h   t

4 She went hiking _____ Friday.
그녀는 / 하이킹하러 갔다 / 금요일에.

5 She went hiking _____ May 1st.
그녀는 / 하이킹하러 갔다 / 5월 1일에.

6 They had a party _____ Christmas Day.
그들은 / 파티를 열었다 / 성탄절에.

p   a   □   t   y

7 They had a party _____ Thanksgiving Day.
그들은 / 파티를 열었다 / 추수감사절에.

8 He was born _____ March.
그는 / 태어났다 / 3월에.

9 He was born _____ spring.
그는 / 태어났다 / 봄에.

s   □   r   i   n   g

10 She was a doctor _____ 2000.
그녀는 / 의사였다 / 2000년에.

11 We watched TV _____ the afternoon.
우리는 / 텔레비전을 봤다 / 오후에.

12 He was a lawyer _____ the past.
그는 / 변호사였다 / 과거에.

02 쓰다 보면 문법이 보인다!

get up: (잠자리에서) 일어나다, 기상하다

1 I got up _____ 6:30.
나는 / 일어났다 / 6시 30분에.

2 He _____ _____ _____ 7:00.
그는 / 일어났다 / 7시에.

3 He took a shower _____ 7:30.
그는 / 샤워했다 / 7시 30분에.

4 _____
그녀는 / 샤워했다 / 7시 30분에.

5 She had breakfast _____ 8:00.
그녀는 / 아침을 먹었다 / 8시에.

6 We _____ _____ _____ 8:00.
우리는 / 아침을 먹었다 / 8시에.

7 We cleaned our room _____ _____ _____.
우리는 / 우리 방을 청소했다 / 오전에.

8 He _____ his room in the morning.
그는 / 그의 방을 청소했다 / 오전에.

9 He _____ _____ _____ at noon.
그는 / 그의 방을 청소했다 / 정오에.

10 He _____ lunch _____ _____.
그는 / 점심을 먹었다 / 정오에.

문제로 문법 정리

괄호 안에 공통으로 들어갈 알맞은 전치사를 빈칸에 쓰세요.

1. (   ) night   (   ) dawn

   _____

2. (   ) Tuesday   (   ) April 10

   _____

3. (   ) 2030   (   ) the evening

   _____

89

1

그는 오후에 집에 있었다.

He _____ at home _____ the afternoon.

2

그녀는 오후에 집에 있었다.

She was _____ _____ in _____ _____.

3

그녀는 저녁에 집에 있었다.

도전! 문장 쓰기

_____

4

그녀는 저녁에 태어났다.

_____ was born _____ the evening.

5

나는 저녁에 태어났다.

I was born _____ _____ _____.

6

나는 자정에 태어났다.

_____ _____ _____ at midnight.

7

그 쌍둥이는 자정에 태어났다.

The twins were born _____ _____.

8

그 쌍둥이는 월요일에 태어났다.

The twins _____ _____ _____ Monday.

9

그들은 월요일에 태어났다.

도전! 문장 쓰기

_____

10

그들은 여름에 태어났다.

_____ _____ _____ in summer.

⑪ 그들은 여름에 그를 만났다.

They met him _____ _____.

⑫ 그들은 7월 20일에 그를 만났다.

They _____ _____ on July 20th.

날짜는 주로 서수로 말하고, 서수란 첫째, 둘째, 셋째와 같이 서열이나 순서를 나타내는 수를 말해.

⑬ 그녀는 2022년 7월 20일에 그를 만났다.

She met him _____ _____ 20th, 2022.

⑭ 그녀는 2022년 3월 3일에 그를 만났다.

도전! 문장 쓰기

_____

⑮ 그녀는 3월 3일에 그를 방문했다.

She visited _____ _____ March 3rd.

⑯ 그녀는 2022년에 그를 방문했다.

She _____ _____ _____ 2022.

⑰ 그녀는 2022년에 그 박물관을 방문했다.

She _____ the museum _____ _____.

⑱ 그녀는 5월에 그 박물관을 방문했다.

도전! 문장 쓰기

_____

 알아두면 좋아요

필수 단어 in the afternoon 오후에 at home 집에 in the evening 저녁에 be born 태어나다 meet 만나다(meet-met)
visit 방문하다 museum 박물관

서수 1st=first 2nd=second 3rd=third 4th=fourth 5th=fifth 10th=tenth 20th=twentieth

일반동사 과거 시제의 부정문

He didn't get up at 7:00.

그는 7시에 일어나지 않았어.

Unit 17 듣기

⭐ '하지 않았다'라고 할 때는 동사 앞에 did not을 쓴다

'~ 안 했지' 또는 '~하지 않았어'라고 부정하여 말하고 싶을 때는 현재 시제 부정문에 쓰는 do not[does not]에서 무엇을 바꾸면 될까? 그렇지! do의 과거형은 did잖아. 그러니까 do, does 상관없이 did를 사용해서 **did not을 동사원형** 앞에 넣어 주면 되는 거야.

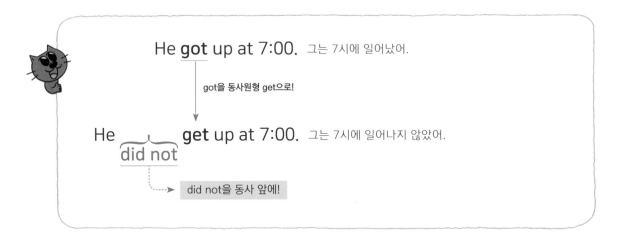

He **got** up at 7:00. 그는 7시에 일어났어.

got을 동사원형 get으로!

He **did not** **get** up at 7:00. 그는 7시에 일어나지 않았어.

did not을 동사 앞에!

✏️ 쓰면서 확인해 봐요!

긍정문	부정문
I went to Busan. 나는 부산에 갔다.	I ¹_____ to Busan. 나는 부산에 가지 않았다.
We had dinner. 우리는 저녁을 먹었다.	We ²_____ dinner. 우리는 저녁을 먹지 않았다.
He came home. 그는 집에 왔다.	He did not **come** home. 그는 집에 오지 않았다.

부정문으로 쓸 때는 did not 다음에 동사원형으로!

⭐ 간편한 줄임말이 있다

did not

↓

didn't

did와 not이 충돌하면서 o가 튀어나간 대신 '가 박혔네~

정답 1 did not go 2 did not have

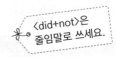

나는 / 읽었다 / 그 책을. (읽다: read)
1 I **read** the book.

I _____ _____ the book.
나는 / 읽지 않았다   / 그 책을.

Word Check

그는 / 가르쳤다   / 영어를. (가르치다: teach)
2 He **taught** English.

He _____ _____ English.
그는   / 가르치지 않았다   / 영어를.

m | a | | h

그들은   / 마셨다   / 주스를. (마시다: drink)
3 They **drank** juice.

They _____ _____ juice.
그들은   / 마시지 않았다   / 주스를.

n | o | | e | l

우리는   / 만났다 / 레스토랑에서. (만나다: meet)
4 We **met** in the restaurant.

We _____ _____ in the restaurant.
우리는   / 만나지 않았다   / 레스토랑에서.

프레드와 제인은   / 공부했다   / 수학을   / 함께. (공부하다: study)
5 Fred and Jane **studied** math together.

Fred and Jane _____ _____ math together.
프레드와 제인은   / 공부하지 않았다   / 수학을   / 함께.

그녀는   / 썼다   / 그 소설을. (쓰다: write)
6 She **wrote** the novel.

She _____ _____ the novel.
그녀는   / 쓰지 않았다   / 그 소설을.

1 He _____ _____ buy water.
그는 / 사지 않았다   / 물을.

2 She _____ _____ _____ _____.
그녀는 / 사지 않았다   / 물을.

3 She _____ _____ buy vegetables.
그녀는 / 사지 않았다   / 채소들을.

4 _____ _____ _____ eat vegetables.
그녀는   / 먹지 않았다   / 채소들을.

5 _____ did _____ _____ _____.
그들은   / 먹지 않았다   / 채소들을.

6 They _____ _____ _____ meat.
그들은 / 먹지 않았다   / 고기를.

7 They _____ _____ cook meat.
그들은 / 요리하지 않았다   / 고기를.

8 You _____ _____ _____ _____.
너는 / 요리하지 않았다   / 고기를.

9 You _____ _____ bring meat.
너는 / 가져오지 않았다   / 고기를.

10 You _____ _____ juice.
너는 / 가져오지 않았다   / 주스를.

알아두면 좋아요

동사 변화에 주의해야 할 불규칙동사 (1)

사다 buy — bought

먹다 eat — ate

가져오다 bring — brought

마시다 drink — drank

문제로 문법 정리

괄호 안의 표현 중 알맞은 것을 고르세요.

1. I did not (drink / drank) water.

2. They (weren't / didn't) teach English.

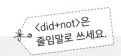

03 문장이 써지면 이 영문법은 OK!

<did+not>은
줄임말로 쓰세요.

1 제인은 오전에 도서관에 가지 않았어.

Jane ＿＿＿＿＿ ＿＿＿ to the library in the morning.

2 프레드는 오전에 도서관에 가지 않았어.

Fred ＿＿＿＿ go ＿＿＿ the library ＿＿＿ the morning.

3 프레드는 오전에 공부하지 않았어.

Fred ＿＿＿＿ study in the ＿＿＿＿.

4 프레드는 오후에 공부하지 않았어.

Fred ＿＿＿＿ ＿＿＿＿ in the afternoon.

5 프레드는 오후에 놀지 않았어.

Fred ＿＿＿＿ play ＿＿＿ the afternoon.

6 프레드는 오후에 축구를 하지 않았어.

Fred ＿＿＿＿ ＿＿＿＿ soccer in the ＿＿＿＿.

7 프레드는 저녁에 게임을 하지 않았어.

Fred ＿＿＿＿ ＿＿＿＿ a game ＿＿＿ the evening.

8 우리는 저녁에 게임을 하지 않았어.

도전! 문장 쓰기

＿＿＿＿＿＿＿＿＿＿＿＿＿＿＿＿＿＿

9 우리는 저녁에 경기를 보지 않았어.

We ＿＿＿＿ watch a game ＿＿＿ the evening.

10 우리는 지난주 일요일에 경기를 보지 않았어.

We ＿＿＿＿ ＿＿＿＿ a game last Sunday.

우리는 지난주 일요일에 경기를 벌이지 않았어.

11 We _____ have a game _____ Sunday.

우리는 일요일에 경기를 벌이지 않았어.

12 We _____ _____ _____ _____ on Sunday.

우리는 일요일에 치킨을 먹지 않았어.

13 We _____ have chicken on _____ .

그녀는 일요일에 치킨을 먹지 않았어.

14 _____

도전! 문장 쓰기

그녀는 일요일에 파티를 열지 않았어.

15 She _____ have a party _____ Sunday.

그녀는 5시에 파티를 열지 않았어.

16 _____ _____ have _____ _____ at five o'clock.

그녀는 5시에 숙제를 하지 않았어.

17 She _____ do her homework _____ five o'clock.

그들은 그들의 숙제를 하지 않았어.

18 _____

도전! 문장 쓰기

알아두면 좋아요

동사 변화에 주의해야 할 불규칙동사 (2)

오다 come—came	가다 go—went	가지다 have—had	하다 do—did	가지고 가다 take—took
만들다 make—made	만나다 meet—met	얻다 get—got	달리다 run — ran	가르치다 teach—taught
읽다 read—read	자르다 cut—cut	놓다 put—put	타다 ride — rode	보다 see — saw

장소 전치사 at/on/in

He was in London.
그는 런던에 있었어.

Unit 18 듣기

⭐ 장소를 나타내는 말도 짝꿍 전치사가 따로 있다

시간을 나타낼 때 쓰는 전치사 at, on, in은 장소에도 쓰여. 장소 전치사 at, on, in도 어떤 장소를 나타내는지에 따라 짝꿍 전치사가 달라.

① '구체적인 장소나 위치'를 나타낼 때는 **at**

I was **at** the bus stop. 나는 버스 정류장에 있었어.

② '접촉하는 표면 위'를 나타낼 때는 **on**

There were cookies **on** the table. 테이블 위에 쿠키가 있었어.

③ '넓은 공간이나 위치', '안'을 나타낼 때는 **in**

I lived **in** Seoul. 나는 서울에 살았어.

at	on	in
• 특정한 지점	• 접촉하는 표면 위	• 특정 장소의 '안'
at the door 문에	on the floor 바닥에	in the garden 정원 안에
at the bus stop	on the wall 벽에	in the classroom 교실 안에
버스 정류장에	on the table 테이블 위에	in the kitchen 주방에
• 비교적 좁은 장소	• 거리 명	• 도시나 국가 등 비교적 넓은 장소
at the airport 공항에	on Brown Street	in Seoul 서울에
at the station 역에	브라운 가에	in Korea 한국에

 알아두면 좋아요

at을 써도 되고 in을 써도 되는 경우, 같은 뜻일까?

다음 문장을 해석해 보자.

> I met him at the library.
>
> I met him in the library.

두 문장의 뜻은 모두 '나는 그를 도서관에서 만났어.'이지만, 실제 의미는 조금 달라. **at the library**는 다른 장소가 아닌 바로 **도서관이라는 '장소'**에서 만났다는 뜻이야. 그런데 **in the library**는 도서관 건물 밖이 아니라 **도서관 건물 '안에서'** 만났다는 뜻이지.

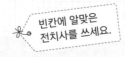

빈칸에 알맞은
전치사를 쓰세요.

Word Check

1

있었다 / 상자 하나가 / 문에.

There was a box _____ the door.

There was a box _____ the room.

있었다 / 상자 하나가 / 방 안에.

2

있었다 / 꽃들이 / 테이블 위에.

There were flowers _____ the table.

There were flowers _____ the living room.

있었다 / 꽃들이 / 거실 안에.

┌ 사실 in the living room은 우리말로 '거실 안에'라고
└ 말하기보다는 대개 '거실에'라고 해.

3

우리는 / 점심을 먹었다 / 그 레스토랑에서.

We had lunch _____ the restaurant.

We had lunch _____ the restaurant.

우리는 / 점심을 먹었다 / 그 레스토랑 안에서.

┌ at the restaurant   vs. in the restaurant
└ (다른 곳도 아닌) 레스토랑에서   레스토랑 '안'에서

4

그들은 / 살았다 / 서울에서.

They lived _____ Seoul.

They lived _____ Korea.

그들은 / 살았다 / 한국에서.

5

그 호텔은 / 있다 / 시카고에.

The hotel is _____ Chicago.

The hotel is _____ Elm Street.

그 호텔은 / 있다 / 엘름 가에.

6

우리는 / 만났다 / 카페 안에서.

We met _____ the cafe.

We met _____ the bus stop.

우리는 / 만났다 / 버스 정류장에서.

f l | | w e r

c a | | e

b u | s t o | |

1 There were cookies _____ the plate.
있었다 / 쿠키들이 / 접시 위에.

2 _____ _____ cookies _____ the table.
있었다 / 쿠키들이 / 테이블 위에.

3 There was a flower _____ _____ _____.
있었다 / 꽃 한 송이가 / 테이블 위에.

4 There _____ _____ _____ on the floor.
있었다 / 꽃 한 송이가 / 바닥에.

5 There _____ a watch _____ _____ _____.
있었다 / 시계 하나가 / 바닥에.

6 _____ _____ a clock _____ the wall.
있었다 / 시계 하나가 / 벽에.

7 There were pictures _____ _____ _____.
있었다 / 사진들이 / 벽에.

8 There were _____ _____ my folder.
있었다 / 사진들이 / 내 폴더 안에.

9 _____ _____ pictures _____ my room.
있었다 / 사진들이 / 내 방 안에.

10 There _____ a bed _____ _____ _____.
있었다 / 침대 하나가 / 내 방 안에.

문제로 문법 정리

다음 빈칸에 알맞은 전치사를 〈보기〉에서
골라 쓰세요.

| 보기 | at | on | in |

1. A clock is _____ the wall.

2. I have a bottle _____ my bag.

3. She met him _____ the bus
   stop.

1 그녀는 버스 정류장에서 버스를 기다렸다.

She waited for the bus at the _____ _____.

2 그녀는 버스 정류장에서 그를 기다렸다.

She _____ _____ him _____ _____ _____.

3 그녀는 버스 정류장에서 그녀의 친구를 기다렸다.

도전! 문장 쓰기

_____

4 그녀는 입구에서 그녀의 친구를 기다렸다.

She _____ _____ her friend at the gate.

5 그녀는 입구에서 그녀의 친구를 만났다.

She met her friend _____ _____ _____.

6 그녀는 공항에서 그녀의 친구를 만났다.

_____ _____ _____ _____ at the airport.

7 그는 공항에서 그의 친구를 만났다.

도전! 문장 쓰기

_____

8 그는 호텔 로비에서 그의 친구를 만났다.

_____ _____ _____ _____ at the hotel lobby.

9 그는 호텔 로비에서 그들을 만났다.

He met them _____ _____ _____ _____.

10 그는 호텔 로비 안에서 그들을 만났다.

_____ _____ _____ in the hotel lobby.

11 나는 호텔 로비 안에서 그들을 만났다.

_____

12 나는 호텔 레스토랑 안에서 그들을 만났다.

I _____ them _____ the _____ restaurant.

13 나는 레스토랑 안에서 저녁을 먹었다.

I had dinner _____ _____ _____.

14 나는 정원에서 저녁을 먹었다.

_____ _____ _____ in the garden.

15 나는 정원에서 아침을 먹었다.

I _____ breakfast _____ _____ _____.

16 우리는 정원에서 아침을 먹었다.

_____

17 우리는 시카고에서 아침을 먹었다.

We _____ _____ in Chicago.

18 그들은 시카고에서 아침을 먹었다.

_____

알아두면 좋아요

필수 단어 wait for ~을 기다리다 bus stop 버스 정류장 meet 만나다(meet-met) airport 공항 hotel lobby 호텔 로비
restaurant 레스토랑, 식당 dinner 저녁 garden 정원 breakfast 아침 (식사)

Did you get up at 7:00?

너는 7시에 일어났니?

⭐ '~했니?'라고 물어볼 때는 did를 주어 앞에

'그 영화 봤니?', '7시에 일어났니?' 이렇게 지난 일에 대해 물어볼 때는 주어 앞에 뭐가 필요한지 이제 예상이 되니? 그래, 바로 **did를 주어 앞에** 써 주면 되는 거야!

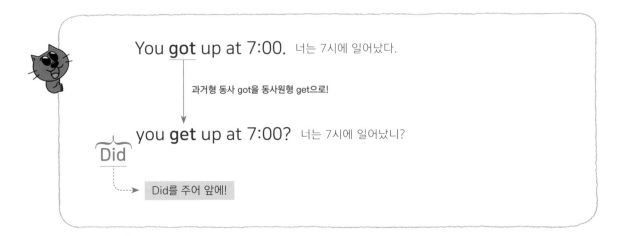

You **got** up at 7:00. 너는 7시에 일어났다.

과거형 동사 got을 동사원형 get으로!

~~Did~~ you **get** up at 7:00? 너는 7시에 일어났니?

Did를 주어 앞에!

⭐ 대답에도 질문에 맞춰 did를 쓴다

'Did you get up at 7:00?'라고 물었을 때, 7시에 일어났으면 'Yes, I did.' 그렇지 않으면 'No, I didn't.'라고 대답해.

✏️ 쓰면서 확인해 봐요!

일반동사 과거 시제의 의문문	긍정의 대답	부정의 대답
Did you arrive? 너는 도착했니? Did they arrive? 그들은 도착했니?	Yes, I did. Yes, they did.	No, I didn't. No, they [1] _____.
Did he arrive? 그가 도착했니? [2] _____ she arrive? 그녀가 도착했니? Did the bus arrive? 그 버스가 도착했니?	Yes, he did. Yes, she did. Yes, it [3] _____.	No, he didn't. No, she didn't. No, it didn't.

정답 1 didn't 2 Did 3 did

Word Check

내가 / 말했다 / 네게 / 그것에 관해. (말하다: tell)

1 I **told** you about it.

_____ I _____ you about it?

~했니 / 내가 / 말하다 / 네게 / 그것에 관해?

너는 / 도착했다 / 정시에. (도착하다: arrive)

2 You **arrived** on time.

_____ you _____ on time?

~했니 / 너는 / 도착하다 / 정시에?

그는 / 떠났다 / 1시간 전에. (떠나다: leave)

3 He **left** an hour ago.

_____ he _____ an hour ago?

~했니 / 그는 / 떠나다 / 1시간 전에?

그녀가 / 그렸다 / 그 그림을. (그리다: paint)

4 She **painted** the picture.

_____ she _____ the picture?

~했니 / 그녀가 / 그리다 / 그 그림을?

그들은 / 갔다 / 그 해변에. (가다: go)

5 They **went** to the beach.

_____ they _____ to the beach?

~했니 / 그들은 / 가다 / 그 해변에?

그 개는 / 앉아 있었다 / 소파에. (앉다: sit)

6 The dog **sat** on the couch.

_____ the dog _____ on the couch?

~했니 / 그 개는 / 앉다 / 소파에?

말하다
t e l l

떠나다
l e a v e

그리다
p a i n t

소파
c o u c h

103

1 _____ she hear the news?
~했니 / 그녀는 / 듣다 / 그 소식을?

2 _____ she _____ the news on TV?
~했니 / 그녀는 / 듣다 / 그 소식을 / 텔레비전으로?

3 Did you _____ _____ _____ on TV?
~했니 / 너는 / 듣다 / 그 소식을 / 텔레비전으로?

4 _____ _____ see the news on TV?
~했니 / 너는 / 보다 / 그 소식을 / 텔레비전으로?

5 Did you _____ _____ _____ today?
~했니 / 너는 / 보다 / 그 소식을 / 오늘?

6 _____ you _____ the news today?
~했니 / 너는 / 읽다 / 그 소식을 / 오늘?

7 _____ _____ _____ the novel?
~했니 / 너는 / 읽다 / 그 소설을?

8 _____ you write the novel?
~했니 / 네가 / 쓰다 / 그 소설을?

9 _____ he _____ the novel?
~했니 / 그가 / 쓰다 / 그 소설을?

10 _____ _____ _____ the book?
~했니 / 그녀가 / 쓰다 / 그 책을?

문제로 문법 정리

괄호 안의 단어 중 알맞은 것을 고르세요.

1. (Were / Did) they watch TV?

2. Did the bus (arrive / arrived) on time?

1 그는 어제 도착했니?   아니, 안 했어.

Did he _____ yesterday? — No, he _____ .

2 너는 어제 도착했니?   아니, 안 했어.

_____ _____ _____ yesterday? — _____ , I didn't.

3 너는 공항에 도착했니?   응, 도착했어.

Did you _____ at the airport? — Yes, I _____ .

4 그녀는 공항에 도착했니?   아니, 안 했어.

_____ — No, she didn't.

5 그녀는 호텔에 머물렀니?   응, 그랬어.

Did she stay _____ _____ _____ ? — Yes, _____ _____ .

6 너는 호텔에 머물렀니?   아니, 안 그랬어.

_____ _____ _____ at the hotel? — _____

7 그들은 호텔에 머물렀니?   응, 그랬어.

_____ — Yes, _____ _____ .

8 그들은 호텔에서 일했니?   아니, 안 했어.

_____ _____ work at the hotel? — _____ , they didn't.

9 그들은 우체국에서 일했니?   응, 그랬어.

_____ _____ _____ in the post office? — Yes, they did.

⑩ 그는 우체국에서 일했니? 아니, 안 했어.

_____ he _____ in the _____ _____? — No, he didn't.

⑪ 그는 레스토랑에서 일했니? 응, 그랬어.

_____ _____ work in the restaurant? — Yes, he _____.

⑫ 그는 레스토랑에서 점심을 먹었니? 응, 그랬어.

_____ he have lunch in the _____? — Yes, _____ _____.

⑬ 너는 레스토랑에서 점심을 먹었니? 응, 그랬어.

_____ _____ have lunch at the restaurant? — Yes, _____ _____.

⑭ 그녀는 레스토랑에서 점심을 먹었니? 아니, 안 그랬어.

_____ — No, she _____.

⑮ 그녀는 공원에서 점심을 먹었니? 응, 그랬어.

_____ she _____ _____ at the park? — Yes, _____ did.

⑯ 그녀는 공원에서 자전거를 탔니? 아니, 안 그랬어.

_____ she ride a bike at[in] _____ _____? — No, she didn't .

⑰ 너는 공원에서 자전거를 탔니? 아니, 안 그랬어.

_____ — _____, _____ didn't.

┗ 이 경우도 at/in 모두 가능!

⑱ 너는 호수를 따라 자전거를 탔니? 응, 그랬어.

_____ you _____ a bike along the lake? — Yes, I _____.

106

바빠 영문법 20 일반동사의 과거 시제· 전치사 at/on/in 총정리

Unit 20 듣기

⭐ 일반동사 과거 시제의 긍정문과 부정문

긍정문	부정문
We bought some milk. 우리는 약간의 우유를 샀다.	We didn't buy any milk. 우리는 우유를 전혀 사지 않았다.
They lived in Seoul in 2020. 그들은 2020년에 서울에서 살았다.	They didn't live in Seoul in 2020. 그들은 2020년에 서울에서 살지 않았다.
He rode a bike on Tuesday. 그는 화요일에 자전거를 탔다.	He __¹_____ a bike on Tuesday. 그는 화요일에 자전거를 타지 않았다.

⭐ 일반동사 과거 시제의 의문문과 대답

의문문	대답
Did you buy any milk? 너희는 우유를 좀 샀니?	Yes, we did. ² _____
³ _____ in Seoul in 2020? 그들이 2020년에 서울에서 살았니?	Yes, they did. No, they didn't.
⁴ _____ a bike on Tuesday? 그가 화요일에 자전거를 탔니?	⁵ _____ No, he didn't.

⭐ 전치사 at/on/in

	시간 전치사로 쓰일 때	장소 전치사로 쓰일 때
at	at 10:00 10시에 at noon 정오에 at dawn 새벽에	at the door 문에 at the bus stop 버스 정류장에 at the airport 공항에
on	on Monday 월요일에 on June 10th 6월 10일에 on Christmas Day 크리스마스 날에	on the floor 바닥에 on the wall 벽에 on Brown Street 브라운 가에
in	in May 5월에 in 2023 2023년에 in the future 미래에	in the classroom 교실 안에 in Seoul 서울에 in Korea 한국에

정답 1 didn't ride 2 No, we didn't. 3 Did they live 4 Did he ride 5 Yes, he did.

Word Check

1

수지는 / 키웠다 / 애완동물을 / 작년에.

Susie **kept** a pet last year.

keep a pet: 애완동물을 키우다

Susie _____ _____ a pet last year.

수지는 / 키우지 않았다 / 애완동물을 / 작년에.

2

나는 / 잤다 / 침대에서.

I **slept on the bed.**

I _____ _____ _____ the bed.

나는 / 자지 않았다 / 침대에서.

g [ ] t e

3

그들은 / 만났다 / 정문에서 / 정오에.

They **met at the gate at noon.**

They _____ _____ ____ the gate ____ noon.

그들은 / 만나지 않았다 / 정문에서 / 정오에.

c r u [ ] s e

s [ ] i p

4

너는 / 산책했다 / 공원에서.

You **took** a walk **in the park.**

_____ you _____ a walk _____ the park?

~했니 / 너는 / 산책하다 / 공원에서?

5

존은 / 배웠다 / 스페인어를 / 5월에.

John **learned** Spanish **in May.**

_____ John _____ Spanish _____ May?

~했니 / 존은 / 배우다 / 스페인어를 / 5월에?

6

유람선은 / 떠났다 / 오전에.

The cruise ship **left in the morning.**

_____ the cruise ship _____ ____ the morning?

~했니 / 유람선은 / 떠나다 / 오전에?

---

1 He _____ the paper.
그는 종이를 잘랐다.

2 He _____ cut the paper.
그는 종이를 자르지 않았다.

3 He _____ _____ the pineapple.
그는 파인애플을 자르지 않았다.

4 _____
그는 파인애플을 잘랐다.

5 _____ _____ _____ the pineapple?
그는 파인애플을 잘랐니?

6 Did he _____ _____ _____?
그는 파인애플을 먹었니?

7 He _____ the _____ at 7:00.
그는 7시에 파인애플을 먹었다.

8 _____
나는 7시에 피자를 먹었다.

9 You ate a pizza _____ the afternoon.
너는 오후에 피자를 먹었다.

10 _____ _____ _____ a pizza in the _____?
너는 오후에 피자를 먹었니?

문제로 문법 정리

괄호 안의 표현 중 알맞은 것을 고르세요.

1. He (wasn't / didn't) cut the apple.

2. (Did / Were) you sleep (at / on) the bed?

3. We (live / lived) in Chicago (on / in) 2020.

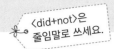

<did+not>은 줄임말로 쓰세요.

1

브라운 씨는 10년 전에 수학을 가르쳤어.

결혼한 여성 또는 미혼 여성에 두루 쓰이는 존대어

Ms. Brown ＿＿＿＿＿＿ ＿＿＿＿＿＿ ten years ago.

2

그녀는 10년 전에 수학을 가르치지 않았어.

She ＿＿＿＿＿ teach ＿＿＿＿＿ ten ＿＿＿＿＿ ago.

3

그녀는 10년 전에 역사를 가르치지 않았어.

She ＿＿＿＿＿ ＿＿＿＿＿ history ten years ＿＿＿＿.

4

그녀는 10년 전에 역사를 공부하지 않았어.

도전! 문장 쓰기

＿＿＿＿＿＿＿＿＿＿＿＿＿＿＿＿＿＿＿＿＿＿＿＿＿＿＿

5

그녀는 음식 역사를 공부하지 않았어.

She ＿＿＿＿＿ ＿＿＿＿＿ food history.

6

그녀는 음식 역사를 공부했어.

She ＿＿＿＿＿ food ＿＿＿＿＿.

7

그녀는 음악을 공부했어.

도전! 문장 쓰기

＿＿＿＿＿＿＿＿＿＿＿＿＿＿＿＿＿＿＿＿＿＿＿＿＿＿＿

8

그녀는 학교에서 음악을 공부했니?

＿＿＿＿＿ ＿＿＿＿＿ ＿＿＿＿＿ music at school?

9

그녀는 학교에서 음악을 연주했니?

＿＿＿＿＿ ＿＿＿＿ play music at school?

10

그녀는 그 교회에서 음악을 연주했니?

＿＿＿＿＿ ＿＿＿＿ ＿＿＿＿＿ ＿＿＿＿＿ at the church?

11 아니, 그녀는 그 교회에서 음악을 연주하지 않았어.

No, she _____ _____ music _____ the church.

12 그녀는 그 교회에서 노래했어.

She sang _____ _____ _____.

13 우리는 그 교회에서 노래했어.

도전! 문장 쓰기

_____

14 우리는 7월에 무대에서 노래했어.

_____ _____ on the stage _____ _____.

15 그들은 7월에 무대에서 노래했어.

They _____ _____ _____ _____ in July.

16 그들은 겨울에 무대에서 노래했니?

도전! 문장 쓰기

_____

17 그들은 겨울에 공항에서 노래했니?

Did _____ _____ at the airport _____ _____?

18 그들은 겨울에 공항에서 춤을 추었니?

_____ they dance _____ _____ _____ in winter?

바빠 영문법 21 과거진행 시제

He was sleeping.

그는 자고 있었어.

⭐ '~하고 있었어'는 <was/were + (동사원형)-ing>로 쓴다

과거의 어느 순간에 하고 있었던 일에 대해 말할 때는 동사를 어떻게 바꿔 주어야 할까? 바로 현재진행 시제 <am/are/is + (동사원형)-ing>에서 am, are, is를 was, were로 바꾸어 <was/were + (동사원형)-ing>로 쓰면 되는 거야.

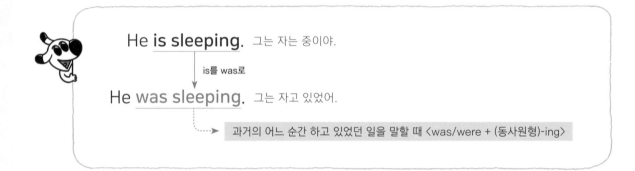

He **is sleeping**. 그는 자는 중이야.

is를 was로

He was sleeping. 그는 자고 있었어.

과거의 어느 순간 하고 있었던 일을 말할 때 <was/were + (동사원형)-ing>

⭐ was, were의 주어 짝꿍은 그대로

✏️ 쓰면서 확인해 봐요!

주어	동사	예문
I/He/She/It	was ~ing	I was sleeping. 나는 자고 있었어. She ¹_____. 그녀는 자고 있었어.
We/You/They	were ~ing	We ²_____. 우리는 자고 있었어. They were sleeping. 그들은 자고 있었어.

⭐ 과거진행 시제의 부정문은 was, were 바로 뒤에 not을 쓴다

과거진행 시제도 부정문을 만드는 방법은 간단해. was, were 바로 뒤에 not을 넣으면 돼!

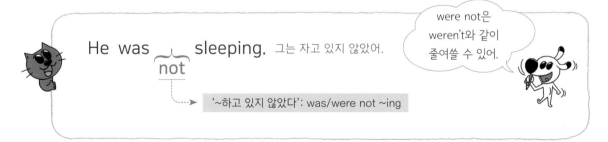

He was ___ sleeping. 그는 자고 있지 않았어.
　　　　not

'~하고 있지 않았다': was/were not ~ing

were not은 weren't와 같이 줄여쓸 수 있어.

정답 1 was sleeping 2 were sleeping

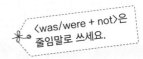

1

그들은 / 치고 있다 / 배드민턴을 / 지금.
They **are playing** badminton now.

They _____ _____ badminton then.
그들은 / 치고 있었다 / 배드민턴을 / 그때.

2

나는 / 듣고 있다 / 음악을 / 지금.
I **am listening** to music now.

I _____ _____ to music then.
나는 / 듣고 있었다 / 음악을 / 그때.

3

그녀는 / 앉아 있다 / 소파에 / 지금.
She **is sitting** on the couch now.

She _____ _____ on the couch then.
그녀는 / 앉아 있었다 / 소파에 / 그때.

4

우리는 / 가고 있었다 / 서점으로.
We **were going** to the bookstore.

We _____ _____ to the bookstore.
우리는 / 가고 있지 않았다 / 서점으로.

5

그는 / 준비하고 있었다 / 시험에 대비해.
He _____ _____ for the exam.

He **wasn't preparing** for the exam.
그는 / 준비하고 있지 않았다 / 시험에 대비해.

6

(비인칭 주어) / 비가 오고 있었다.
It **was raining**.

was, were는 과거진행 시제를 돕는 도우미 역할

It _____ _____ .
(비인칭 주어) / 비가 오고 있지 않았다.

Word Check

듣다
l i s ___ e n

배드민턴
b ___ d m i ___ t o n

서점
b o o ___ s t o r e

비가 오다
___ a i n

113

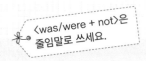

〈was/were + not〉은
줄임말로 쓰세요.

1 Mom _____ _____ food.
　　엄마는　　　／ 준비하고 계셨어　　　　　　　　　　／ 음식을.

2 Mom _____ _____ food.
　　엄마는　　　／ 준비하고 계시지 않았어　　　　　　　／ 음식을.

3 My sisters _____ _____ _____.
　　내 누나들은　　／ 준비하고 있지 않았어　　　　　　　　／ 음식을.

4 My sisters _____ _____ for the exam.
　　내 누나들은　　／ 준비하고 있었어　　　　　　　／ 시험에 대비해.

5 My sisters _____ studying _____ _____ _____.
　　내 누나들은　　／ 공부하고 있었어　　　　　／ 시험에 대비해.

6 My brothers _____ _____ for the exam.
　　내 형들은　　　／ 공부하고 있지 않았어　　　　　　　／ 시험에 대비해.

7 My brothers _____ taking the exam.
　　내 형들은　　　／ 치르고 있지 않았어　　　　　／ 시험을.

8 My brothers _____ _____ the exam.
　　내 형들은　　　／ 치르고 있었어　　　　　／ 시험을.

9 I _____ _____ _____ _____.
　　나는　／ 치르고 있었어　　　　　　／ 시험을.

10 I _____ _____ the exam.
　　나는　／ 치르고 있지 않았어　　　　　／ 시험을.

🐱 **문제로 문법 정리**

괄호 안의 표현 중 알맞은 것을 고르세요.

1. I (was / were) going to
   the bus stop.

2. They (wasn't / weren't)
   preparing for the exam.

114

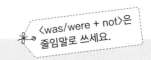

<was/were + not>은
줄임말로 쓰세요.

1 우리 할머니, 할아버지는 씨앗들을 심고 계셨어.

My grandparents _____ planting the seeds.

2 우리 할머니, 할아버지는 씨앗들을 심고 계시지 않았어.

My grandparents _____ _____ the seeds.

3 할머니는 씨앗들을 심고 계시지 않았어.

Grandma _____ _____ _____ _____ .

4 할머니는 나무들을 심고 계시지 않았어.

_____ _____ _____ the trees.

5 그들은 나무들을 심고 있지 않았어.

They _____ _____ _____ _____ .

6 그들은 나무들을 심고 있었어.

도전! 문장 쓰기

_____

7 그들은 나무들을 베고 있었어.

They _____ _____ down the trees.

8 그들은 나무들을 베고 있지 않았어.

They _____ _____ down the trees.

9 그들은 파인애플들을 자르고 있지 않았어.

_____ _____ cutting the pineapples.

10 내 삼촌은 파인애플들을 자르고 있지 않았어.

My uncle _____ _____ the pineapples.

11

내 삼촌은 파인애플들을 자르고 있었어.

도전! 문장 쓰기

_____

12

내 삼촌은 사과들을 자르고 있었어.

_____ _____ _____ _____ the apples.

13

내 숙모는 사과들을 자르고 있었어.

My aunt _____ _____ _____ _____.

14

내 숙모는 사과들을 자르고 있지 않았어.

도전! 문장 쓰기

_____

15

내 숙모는 사과들을 따고 있지 않았어.

My aunt _____ picking the apples.

16

내 여자 조카는 사과들을 따고 있지 않았어.

My niece _____ _____ _____ _____.

17

내 여자 조카들은 복숭아들을 따고 있지 않았어.

My _____ _____ _____ the peaches.

18

내 남자 조카들은 복숭아들을 따고 있지 않았어.

My nephews _____ _____ the peaches.

 **알아두면 좋아요**

필수 단어 grandparents 조부모 plant (식물을) 심다; 식물 seed 씨, 씨앗 tree 나무 cut down ~을 베어내다 uncle 삼촌
aunt 숙모, 이모 pick 따다 niece (여자) 조카 nephew (아들) 조카

116

바빠 영문법 **22**

과거진행 시제의 의문문

Were you sleeping?
너는 자고 있었니?

☆ 물어볼 때는 was, were(be동사)를 주어 앞으로

현재진행 시제의 의문문에서는 am, are, is를 주어 앞으로 보내잖아. 과거진행 시제의 의문문도 마찬가지야. 물어볼 때는 be동사인 **was, were를 주어 앞으로** 보내기만 하면 되는 거야!

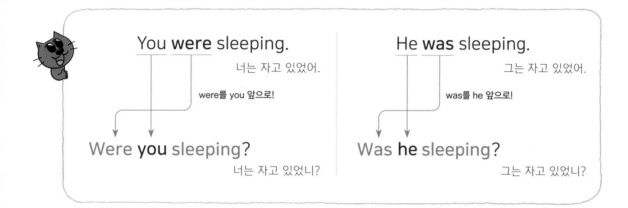

You **were** sleeping.
너는 자고 있었어.

were를 you 앞으로!

Were **you** sleeping?
너는 자고 있었니?

He **was** sleeping.
그는 자고 있었어.

was를 he 앞으로!

Was **he** sleeping?
그는 자고 있었니?

☆ 대답은 간단하게

✏️ 쓰면서 확인해 봐요!

at the time: 그때(= then)

과거진행 시제의 의문문	긍정의 대답	부정의 대답
Were you sleeping at the time?	**Yes**, I was.	**No**, I wasn't.
1 _____ they sleeping at the time?	**Yes**, they were.	**No**, they 2 _____.
Was she sleeping at the time?	**Yes**, she was.	**No**, she 4 _____.
3 _____ it snowing at the time?	**Yes**, it was.	**No**, it wasn't.

 알아두면 좋아요

과거 시제와 과거진행 시제를 비교해 보자!

• 과거 시제: 특정 과거 시점에 완료한 행동

(작년 여름방학 때)
우린 축구를 했어.

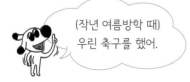

We played soccer.

• 과거진행 시제: 특정 과거 시점에 아직 끝나지 않은 행동

(흥민이가 왔을 때)
우린 축구를 하는
중이었어.

We were playing soccer.

그는 / 운전하고 있었다 / 차를.
He was driving a car.

1

_____ _____ _____ a car? — No, he wasn't.
~이었니 / 그는 / 운전하고 있는 / 차를? 아니, 안 그랬어.

그들은 / 보고 있었다 / 텔레비전을.
They were watching TV.

2

_____ _____ _____ TV? — No, they weren't.
~이었니 / 그들은 / 보고 있는 / 텔레비전을? 아니, 안 그랬어.

(비인칭 주어) / 비가 오고 있었다.
It was raining.

3

_____ _____ _____? — Yes, it was.
~이었니 / (비인칭 주어) / 비가 오고 있는? 응, 그랬어.

우리는 / 굽고 있었다 / 쿠키를.
We were baking cookies.

4

_____ _____ _____ cookies? — Yes, we were.
~이었니 / 너희들은 / 굽고 있는 / 쿠키를? 응, 그랬어.

그녀는 / 만나고 있었다 / 그녀의 친구들을.
She was meeting her friends.

5

_____ _____ _____ her friends? — No, she wasn't.
~이었니 / 그녀는 / 만나고 있는 / 그녀의 친구들을? 아니, 안 그랬어.

너는 / 산책하고 있었다 / 오후에.
You were taking a walk in the afternoon.

6

_____ _____ _____ a walk in the afternoon? — Yes, I was.
~이었니 / 너는 / 산책하고 있는 / 오후에? 응, 그랬어.

1 _____ _____ _____ for me?
　　~이었니　　/ 그녀가　　/ 찾고 있는　　　　　　　/ 나를?
　　　　　　　　　　　　　　　　└ look for: ~을 찾다

2 _____ _____ _____ for me?
　　~이었니　　　/ 그들이　　　/ 찾고 있는　　　　　/ 나를?

3 _____ they _____ for him?
　　~이었니　　　/ 그들이　/ 찾고 있는　　　　　/ 그를?

4 _____ _____ _____ for him?
　　~이었니　　　/ 그들이　　　/ 기다리고 있는　　　　/ 그를?
　　　　　　　　　　　　　　　　　　└ wait for: ~을 기다리다

5 _____ Susie _____ _____?
　　~이었니　　/ 수지가　/ 기다리고 있는　　　　　　/ 그를?

6 Was Susie _____ _____ the bus?
　　~이었니　/ 수지가　　/ 기다리고 있는　　　　　/ 버스를?

7 _____ _____ waiting for the _____?
　　~이었니　　/ 그가　　/ 기다리고 있는　　/ 버스를?

8 _____ _____ _____ off the bus?
　　~이었니　　/ 그가　　/ 내리고 있는　　　　　/ 버스에서?
　　　　　　　　　　　　　└ get off: ~에서 내리다

9 Were they _____ _____ the bus?
　　~이었니　　/ 그들이　/ 내리고 있는　　　　　/ 버스에서?

10 _____ _____ _____ on the bus?
　　~이었니　　/ 그들이　　/ 타고 있는　　　　　/ 버스에?
　　　　　　　　　　　　　└ get on: ~에 타다

🐱 **문제로 문법 정리**

우리말과 일치하도록 괄호 안의 단어를
바르게 배열하세요.

1. 너는 그때 축구하고 있었니?
　(you / playing / were)

　→ _____

　　soccer then?

2. 그는 주방에서 요리하고 있었니?
　(cooking / was / he)

　→ _____

　　in the kitchen?

1 너는 샤워하고 있었니?

_____ _____ _____ a shower?

2 그는 샤워하고 있었니?   응, 그랬어.

Was he _____ _____ _____? — Yes, he _____.

3 그는 쉬고 있었니?   아니, 안 그랬어.

_____ _____ _____ a break? — _____, _____ _____.

4 그녀는 쉬고 있었니?   도전! 문장 쓰기

_____

5 그녀는 산책하고 있었니?

_____ _____ _____ a walk?

6 그들은 산책하고 있었니?   응, 그랬어.

Were they _____ _____? — Yes, _____ _____.

7 그들은 목욕하고 있었니?   아니, 안 그랬어.

_____ _____ _____ a bath? — No, _____.

8 그는 목욕하고 있었니?

Was he _____ _____?

9 그것은 목욕하고 있었니?   도전! 문장 쓰기

_____

10 비가 오고 있었니?   아니, 안 그랬어.

_____ — No, _____ _____.

11 밖에 비가 오고 있었니?　　　　　　　　　　　　　　　응, 그랬어.

＿＿＿＿＿＿ ＿＿＿＿ ＿＿＿＿＿＿＿ outside? — Yes, it ＿＿＿＿.

12 밖에 눈이 오고 있었니?

＿＿＿＿＿＿＿＿＿＿＿＿＿＿＿＿＿＿＿＿＿＿＿

도전! 문장 쓰기

13 그것은 밖에서 놀고 있었니?

＿＿＿＿＿ ＿＿＿＿＿＿ ＿＿＿＿＿＿ outside?

14 너는 밖에서 놀고 있었니?　　　　　　　　　　　　　아니, 안 그랬어.

＿＿＿＿＿＿＿ ＿＿＿＿＿ ＿＿＿＿＿＿ outside? — No, I ＿＿＿＿＿＿.

15 너는 드럼(들)을 치고 있었니?　　　　　　　　　　　응, 그랬어.

Were you ＿＿＿＿＿＿＿ ＿＿＿＿＿＿ ＿＿＿＿＿？ — Yes, ＿＿＿＿＿ ＿＿＿＿＿.

16 그 음악가는 드럼(들)을 치고 있었니?

＿＿＿＿＿＿ the musician ＿＿＿＿＿＿＿ the drums?

17 그 음악가는 드럼(들)을 옮기고 있었니?

＿＿＿＿＿＿ the musician ＿＿＿＿＿＿＿ ＿＿＿＿＿＿？

18 그 음악가들은 드럼(들)을 옮기고 있었니?

＿＿＿＿＿＿＿＿＿＿＿＿＿＿＿＿＿＿＿＿＿＿＿

도전! 문장 쓰기

 알아두면 좋아요

필수 단어 take a shower 샤워하다　take a break 쉬다　take a walk 산책하다　take a bath 목욕하다　rain 비가 오다
snow 눈이 오다　outside 밖에　play the drums 드럼을 치다　move 옮기다, 움직이다

⭐ it이 항상 '그것'을 나타내지는 않는다

'비가 오고 있다'라고 할 때 rain을 주어로 써야 할 것 같지만, 영어 문장에서는 주어 자리에 it을 써. 그런데 이때 it에는 '그것'이라는 뜻이 없어.

다음 두 문장을 비교하면서 차이점을 알아볼게. 첫 번째 문장은 it이 인칭대명사로 '그것'이라는 뜻을 나타내. 하지만 두 번째 문장처럼 **날씨, 날짜, 요일, 시간, 거리, 명암 등을 나타낼 때는** it에 '그것'이라는 뜻이 없기 때문에 '아닐 비(非)'를 써서 **비인칭 주어**라고 불러.

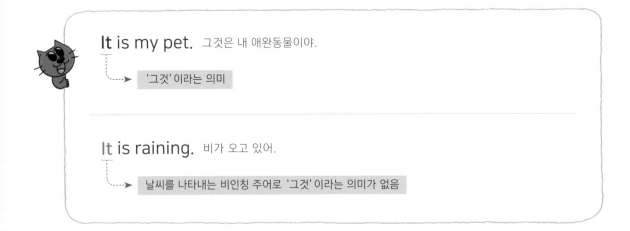

It is my pet. 그것은 내 애완동물이야.

┗➤ '그것'이라는 의미

It is raining. 비가 오고 있어.

┗➤ 날씨를 나타내는 비인칭 주어로 '그것'이라는 의미가 없음

⭐ 날씨, 날짜, 시간, 거리 등을 나타낼 때는 주어 자리에 it을 쓴다

쓰임	예문
날씨·기온 등	It's **cold** outside. 밖은 추워. It's **warm** today. 오늘은 따뜻해.
시간·요일·날짜·계절 등	It's **ten o'clock**. 10시야. It's **Friday**. 금요일이야. It's **May 15th**. 5월 15일이야. It's **spring**. 봄이야.
거리	It's **two kilometers** to the airport. 공항까지 2킬로미터야.
명암	It's **dark** here. 여기는 어둡네.

1

그것은 / ~이다 / 뜨거운 차.

It is a hot tea.

It is hot today.

(비인칭 주어) / ~이다 / 더운 / 오늘.

└ 비인칭 주어는 '그것'이라고 해석하지 않아.

2

그것은 / ~이다 / 시계.

It is a clock.

_____ _____ **five o'clock** now.

(비인칭 주어) / ~이다 / 5시 / 지금.

3

그것은 / ~이다 / 달력.

It is a calendar.

_____ _____ **Wednesday** today.

(비인칭 주어) / ~이다 / 수요일 / 오늘.

4

그것은 / ~이다 / 봄꽃.

It is a spring flower.

_____ _____ **spring** now.

(비인칭 주어) / ~이다 / 봄 / 지금.

5

그것은 / ~이다 / 카페.

It is a cafe.

_____ _____ **500 meters** to the cafe.

(비인칭 주어) / ~이다 / 500미터 (거리) / 카페까지.

6

그것은 / ~이다 / 어두운 방.

It is a dark room.

_____ _____ **getting dark.**

(비인칭 주어) / ~이다 / 되고 있는 / 어두운.

달력

c [ ] l e n d [ ] r

봄 여름
가을 겨울

s [ ] r i n g
s u m m e r
f a l l
w i n t e r

어두운

d [ ] r k

123

1 _____ _____ snowing.
(비인칭 주어) / 눈이 오고 있다.

2 _____ _____ _____ today.
(비인칭 주어) / 비가 오고 있다 / 오늘.

┌ get + 형용사: ~되다

3 _____ _____ getting warm _____.
(비인칭 주어) / 따뜻해지고 있다 / 오늘.

4 It is _____ _____ today.
(비인칭 주어) / 더워지고 있다 / 오늘.

5 _____ is _____ _____ today.
(비인칭 주어) / 추워지고 있다 / 오늘.

6 _____ _____ cold today.
(비인칭 주어) / 춥다 / 오늘.

7 _____ _____ rainy and cold today.
(비인칭 주어) / 비가 오고 춥다 / 오늘.

8 _____ _____ _____ and cool today.
(비인칭 주어) / 비가 오고 서늘하다 / 오늘.

9 _____ _____ windy _____ cool today.
(비인칭 주어) / 바람이 불고 서늘하다 / 오늘.

10 _____ is _____ and _____ outside.
(비인칭 주어) / 바람이 불고 서늘하다 / 밖에.

알아두면 좋아요

get + 형용사
get과 형용사가 만나면 '~되다'라는 의미로 다양한 형용사와 같이 쓸 수 있어.

get warm 따뜻해지다
get hot 더워지다
get cold 추워지다

문제로 문법 정리

다음 문장을 우리말로 해석해 보세요.

1. It is summer now.

→ _____

2. It is a summer hat.

→ _____

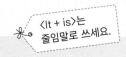

〈It + is〉는
줄임말로 쓰세요.

1 지금 9시야.

_____ nine o'clock _____.

2 오전 11시 20분이야.

_____ 11:20 a.m.

┌ a.m.: 오전
└ p.m.: 오후

3 오후 3시 50분이야.

_____ _____ p.m.

도전! 문장 쓰기

4 수요일이야.

_____

5 월요일이야.

_____ Monday.

6 8월 1일이야.

_____ August 1st. (1st = first)

7 10월 2일이야.

_____ _____ 2nd. (2nd = second)

8 11월 3일이야.

_____ November _____. (3rd = third)

9 12월 25일이야.

┌ 영어로 날짜를 말할 때 1st, 2nd, 3rd 이후부터는
└ 4th, 5th와 같이 대부분 -th를 붙여.

도전! 문장 쓰기

_____

10 크리스마스 날이야.

_____ Christmas Day.

11

역까지 (거리가) 1킬로미터야.

_____ one kilometer to the _____.

12

역까지 (거리가) 20킬로미터야.

_____ twenty kilometers _____ _____ _____.

13

집까지 (거리가) 20킬로미터야.

_____ _____ kilometers to the house.

14

집까지 (거리가) 200미터야.

_____ two hundred meters to the house.

15

집 안이 어두워.

It's _____ in the house.

16

오전에 어두워.

_____ _____ in the morning.

17

오전에는 흐려.

도전! 문장 쓰기

_____

18

지금 눈이 오고 있어.

_____

☆ 감각동사 뒤에는 형용사가 온다

It looks delicious. 그거 맛있어 보이네.

It smells sweet. 그거 달콤한 냄새가 난다.

It tastes good. 그거 맛이 좋네.

It sounds strange. 그거 이상하게 들리는데.

I feel better. 난 기분이 더 나아졌어.

> 감각동사에는 look, smell, taste, sound, feel 같은 동사들이 있어.

위 문장 속 동사들의 공통점은? 맞아! **보이고, 냄새 나고, 맛이 나고, 들리고, 느끼고.** 바로 감각을 나타내고 있어. 그리고 어떻게 보이는지, 어떤 냄새가 나는지, 어떤 맛이 나는지, 어떻게 들리는지, 어떤 느낌인지를 말할 때 이런 **감각동사 다음에는 형용사**가 필요해.

It <u>looks</u> **delicious**. 그거 맛있어 보이네.
감각동사   형용사

감각동사 + 형용사	예문
look + 형용사	You look beautiful. 너는 아름다워 보여.
smell + 형용사	My baby smells sweet. 우리 아기는 달콤한 냄새가 나.
taste + 형용사	This hot dog tastes good. 이 핫도그는 맛이 좋아.
sound + 형용사	That sounds great. 그거 좋게 들리는데.
feel + 형용사	Silk feels good. 실크는 촉감이 좋아.

Word Check

1

그는 / ~이다 / 잘생긴.
He is handsome.

He _____ _____.
그는 / 보인다 / 잘생긴.

잘생긴
h a n □ s o m e

2

이 케이크는 / ~이다 / 달콤한.
This cake is sweet.

This cake _____ _____.
이 케이크는 / 냄새가 난다 / 달콤한.

3

피자가 / ~이다 / 맛있는.
The pizza is delicious.

The pizza _____ _____.
피자가 / 맛이 난다 / 맛있는.

맛있는
d e l i □ i o u □

4

그녀는 / ~이다 / 재미있는.
She is funny.

She _____ _____.
그녀는 / 들린다 / 재미있는.

5

이 담요는 / ~이다 / 부드러운.
This blanket is soft.

This blanket _____ _____.
이 담요는 / 느껴진다 / 부드러운.

담요
□ l a n k □ t

6

너는 / ~이다 / 멋진!
You are wonderful!

You _____ _____!
너는 / 보인다 / 멋진!

부드러운
s o □ t

128

1 You _____ pretty.
너는 　　　　 / 보인다 　　　　　 / 예쁜.

2 _____ _____ great.
너는 　　　　 / 보인다 　　　　 / 좋은.

3 This house _____ _____.
이 집은 　　　　 / 보인다 　　　　 / 좋은.

4 _____ _____ _____ old.
이 집은 　　　　　　 　　　　　　 / 보인다 　　　　 / 오래된.

5 This spaghetti _____ _____.
이 스파게티는 　　　　 / 보인다 　　　　 / 오래된.

6 _____ _____ _____ delicious.
이 스파게티는 　　　　　　　 / 보인다 　　　　 / 맛있는.

7 This spaghetti smells _____.
이 스파게티는 　　　　 / 냄새가 난다 / 맛있는.

8 This steak _____ delicious.
이 스테이크는 　　　　 / 냄새가 난다 　　　　 / 맛있는.

9 This steak tastes _____.
이 스테이크는 　　　　 / 맛이 난다 　　　 / 맛있는.

10 _____ _____ _____ good.
이 스테이크는 　　　　　　　 / 맛이 난다 　　　　 / 좋은.

문제로 문법 정리

다음 우리말 뜻에 맞는 단어를 찾아
선으로 연결하세요.

~ 맛이 나다 ・　　　　・ look

~하게 느끼다 ・　　　　・ smell

~해 보이다 ・　　　　・ feel

~하게 들리다 ・　　　　・ taste

냄새가 나다 ・　　　　・ sound

1 이 담요는 부드러운 느낌이야.

This blanket _____ _____.

2 이 담요는 편안한 느낌이야.

_____ _____ _____ comfortable.

3 이 소파는 편안한 느낌이야.

This sofa _____ _____.

4 이 침대는 편안한 느낌이야.

도전! 문장 쓰기

_____

5 이 침대는 편안해 보여.

This bed looks _____.

6 이 침대는 훌륭해 보여.

_____ _____ _____ wonderful.

7 이 치킨은 훌륭해 보여.

This chicken _____ _____.

8 이 치킨은 맛이 훌륭해.

도전! 문장 쓰기

_____

9 이 치킨은 맛이 좋아.

_____ _____ _____ good.

10 이 스테이크는 맛이 좋아.

도전! 문장 쓰기

_____

이 스테이크는 냄새가 좋아.

11 This steak smells _____ .

이 비누는 냄새가 좋아.

12 This soap _____ good.

이 비누는 냄새가 나빠.

13 _____ _____ _____ bad.

이 장미들은 냄새가 나빠.

14 These roses _____ _____ .

이 장미들은 냄새가 달콤해.

15 _____ _____ _____ sweet.

그것은 냄새가 달콤해.

도전! 문장 쓰기

16 _____

그거 좋게 들리는데.

17 _____ sounds great[good].

그게 좋겠는데. (= 그거 좋게 들리는데.)

18 That _____ _____ . ← ─ 이 문장은 상대방의 제안을 수락할 때
                                      ─ 자주 쓰는 표현이니까 꼭 익혀 두자!

 알아두면 좋아요

감각동사 뒤에는 부사가 올 수 없다

sweetly(달콤하게)는 형용사 sweet(달콤한) 뒤에 -ly가 붙어서 부사가 된 경우야. 그런데 부사는 감각동사 뒤에 올 수 없다는 점을 기억해야 해! 단, <명사⊕ -ly>의 형태인 friendly(friend⊕ -ly)는 부사가 아닌 형용사이니까 주의하자!

It smells sweet. (O) 그것은 달콤한 냄새가 난다.
It smells **sweetly**. (×)
She looks good. (O) 그녀는 좋아 보인다.
She looks **well**. (×)

131

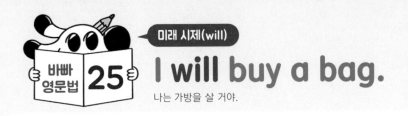

미래 시제(will)

I will buy a bag.
나는 가방을 살 거야.

⭐ 앞으로 '~할 거야'의 의미를 나타낼 때는 will의 도움을 받는다

미래의 일을 나타낼 때는 will의 도움을 받아. **동사 바로 앞에 will을 써 주는 거야.** 이때 will은 주로 '의지'를 나타내지.

I ⌣ buy a bag. 나는 가방을 살 거야.
will

> will은 동사 바로 앞에!

⭐ will 다음에는 항상 동사원형으로!

will을 쓸 때 한 가지 주의할 점! 주어가 누구든 무엇이든 상관없이, **will 다음에는 항상 동사원형**을 써 주어야 해.

He **buys** a bag. 그는 가방을 산다.

buys를 동사원형 buy로!

He will **buy** a bag. 그는 가방을 살 거야.

> next week: 다음 주
> next weekend: 다음 주말
> next month: 다음 달
> next year: 내년

⭐ will이 나타내는 의미

의미		예문
단순 미래	앞으로 '~될 것이다' 처럼 단순한 미래를 나타낼 때	I will be 12 years old next month. 나는 다음 달에 12살이 될 거야.
의지	앞으로 '~할 작정이다' 또는 '~하겠다' 라는 주어의 의지를 나타낼 때	I will do my best. 나는 최선을 다할 거야.
추측	'(아마도) ~일 것이다' 라는 추측을 나타낼 때	It will be cloudy tomorrow. 내일은 날씨가 흐릴 거야.

1

나는 / 돕는다 / 나의 엄마를.
I **help** my mother.

I _____ _____ my mother.
나는 / 도울 것이다   / 나의 엄마를.

2

그녀는 / 배운다 / 일본어를.
She **learns** Japanese.

She _____ _____ Japanese.
그녀는 / 배울 것이다   / 일본어를.

3

우리는 / 한다 / 배구를.
We **play** volleyball.

We _____ _____ volleyball.
우리는 / 할 것이다   / 배구를.

4

그는 / ~이다 / 바쁜.
He **is** busy.

He _____ _____ busy.
그는 / ~일 것이다   / 바쁜.

5

그들은 / 계획한다 / 휴가를.
They **plan** a vacation.

They _____ _____ a vacation.
그들은 / 계획할 것이다   / 휴가를.

6

(비인칭 주어) / ~이다 / 흐리고 바람이 부는.
It **is** cloudy and windy.

It _____ _____ cloudy and windy.
(비인칭 주어) / ~일 것이다   / 흐리고 바람이 부는.

Word Check

v o l | e | b a l l

c l o | | d y

w i n | | y

1 John _____ _____ _____.
존은 / 배울 것이다 / 일본어를.

2 _____ _____ _____ Chinese.
존은 / 배울 것이다 / 중국어를.

3 _____
그들은 / 배울 것이다 / 중국어를.

4 They _____ _____ Chinese.
그들은 / 공부할 것이다 / 중국어를.

5 Susie _____ _____ _____.
수지는 / 공부할 것이다 / 중국어를.

6 _____ _____ _____ Spanish.
수지는 / 공부할 것이다 / 스페인어를.

7 Susie _____ teach _____.
수지는 / 가르칠 것이다 / 스페인어를.

8 Mr. Smith _____ _____ _____.
스미스 씨는 / 가르칠 것이다 / 스페인어를.

9 _____ _____ _____ teach Arabic.
스미스 씨는 / 가르칠 것이다 / 아랍어를.

10 I _____ _____ _____.
나는 / 가르칠 것이다 / 아랍어를.

문제로 문법 정리

괄호 안의 단어 중 알맞은 것을 고르세요.

1. I will (learn / learned)
   Arabic.

2. She will (play / plays)
   volleyball.

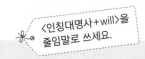

〈인칭대명사+will〉을
줄임말로 쓰세요.

1 내일은 (날씨가) 흐릴 것이다.

It'll _____ cloudy tomorrow.

2 내일은 (날씨가) 화창할 것이다.

_____ _____ sunny tomorrow.

3 내일은 (날씨가) 추울 것이다.

It'll _____ cold _____.

4 내일은 (날씨가) 더울 것이다.

도전! 문장 쓰기

_____

5 그것은 2시에 도착할 것이다.

_____ arrive at 2 o'clock.

6 그 기차는 2시에 도착할 것이다.

The train _____ _____ at 2 o'clock.

7 그는 2시에 도착할 것이다.

도전! 문장 쓰기

_____

8 그는 오늘 오후에 도착할 것이다.

_____ _____ this afternoon.

 알아두면 좋아요

인칭대명사와 will이 함께 있으면 줄임말로 쓸 수 있다

I will ⇨ I'll   We will ⇨ We'll   You will ⇨ You'll   They will ⇨ They'll   She will ⇨ She'll

He will ⇨ He'll   It will ⇨ It'll

9 그는 오늘 오후에 떠날 것이다.

He'll leave _____ _____.

10 그들은 오늘 오후에 떠날 것이다.

_____ _____ this afternoon.

11 그들은 곧 떠날 것이다.

_____ _____ soon.

12 그들은 곧 그를 만날 것이다.

_____ meet him soon.

13 나는 곧 그들을 만날 것이다.

도전! 문장 쓰기

_____

14 나는 이번 주말에 그들을 만날 것이다.

_____ _____ them this weekend.

15 나는 이번 주말에 그것들을 살 것이다.

I'll buy them _____ _____.

16 그녀는 이번 주말에 그것들을 살 것이다.

_____ _____ _____ this weekend.

17 그녀는 이번 주말에 차를 살 것이다.

도전! 문장 쓰기

_____

18 우리는 다음 주말에 차를 살 것이다.

_____ _____ a car next weekend.

미래 시제(will)의 부정문

He won't buy a bag.

그는 가방을 사지 않을 거야.

☆ '~하지 않을 거야'라고 할 때는 will 바로 뒤에 not을 쓴다

'~하지 않을 거야'라고 부정할 때도 부정어 not 하나면 해결! **will 바로 뒤에** not을 넣으면 되는 거지!

He will ⌣ buy a bag. 그는 가방을 사지 않을 거야.

not

'~하지 않을 것이다' : will 바로 뒤에 not

☆ will not은 줄임말로 쓸 수 있다

He will not buy a bag. 그는 가방을 사지 않을 거야.

⬇

He won't buy a bag. 그는 가방을 사지 않을 거야.

He will not은 두 가지 방식의 줄임말로 쓸 수 있어. 〈인칭대명사 + will〉을 줄여 쓸 수 있으니까 **He'll not**으로 쓰거나 혹은 위처럼 **He won't**로 쓸 수 있는 거지.

won't의 발음과 want의 발음이 비슷하게 들리니까 주의해야 해. won't는 [워옹트]에 가깝게 소리 나고, want는 [원트]처럼 소리가 나.

1

그녀는 / ~일 것이다 / 바쁜.
She **will be** busy.

She _____ _____ _____ busy.
그녀는 / ~이지 않을 것이다   / 바쁜.

2

그들은 / 다할 것이다 / 그들의 최선을.
They **will do** their best.

They _____ _____ _____ their best.
그들은   / 다하지 않을 것이다   / 그들의 최선을.

best: 최고의
do one's best: 최선을 다하다

3

나는 / ~일 것이다 / 늦은 / 학교에.
I **will be** late for school.

late for: ~에 늦은

I _____ _____ _____ late for school.
나는 / ~이지 않을 것이다   / 늦은 / 학교에.

4

우리는 / 떠날 것이다   / 곧.
We **will leave** soon.

We _____ _____ _____ soon.
우리는 / 떠나지 않을 것이다   / 곧.

5

그는 / 일할 것이다   / 열심히.
He **will work** hard.

He _____ _____ _____ hard.
그는 / 일하지 않을 것이다   / 열심히.

6

(비인칭 주어) / ~일 것이다 / 추운 / 내일.
It **will be** cold tomorrow.

It _____ _____ _____ cold tomorrow.
(비인칭 주어) / ~이지 않을 것이다   / 추운   / 내일.

1 We will _____ _____ at the library next month.
우리는 / 만나지 않을 것이다   / 도서관에서   / 다음 달에.

2 _____ _____ _____ meet _____ the museum next month.
우리는   / 만나지 않을 것이다   / 박물관에서   / 다음 달에.

3 The students _____ _____ _____ at the museum _____ _____.
학생들은   / 만나지 않을 것이다   / 박물관에서   / 다음 달에.

4 The students _____ _____ visit _____ _____ next month.
학생들은   / 방문하지 않을 것이다   / 박물관을   / 다음 달에.

5 The students _____ _____ _____ the museum tomorrow.
학생들은   / 방문하지 않을 것이다   / 박물관을   / 내일.

6 _____ _____ _____ _____ _____ the park tomorrow.
학생들은   / 방문하지 않을 것이다   / 공원을   / 내일.

7 The girls _____ _____ _____ _____ _____ tomorrow.
소녀들은   / 방문하지 않을 것이다   / 공원을   / 내일.

8 The girls _____ _____ _____ to the park tomorrow.
소녀들은   / 가지 않을 것이다   / 공원에   / 내일.

9 _____ _____ _____ _____ _____ to the beach tomorrow.
소녀들은   / 가지 않을 것이다   / 해변에   / 내일.

10 The boys _____ _____ _____ _____ _____ tomorrow.
소년들은   / 가지 않을 것이다   / 해변에   / 내일.

139

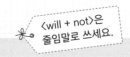

<will + not>은 줄임말로 쓰세요.

1 나는 스마트폰을 사용하지 않을 거야.

I _____ _____ a smartphone.

2 그는 스마트폰을 사용하지 않을 거야.

He won't _____ a smartphone.

3 그는 스마트폰을 사지 않을 거야.

He _____ buy a smartphone.

4 그는 모자를 사지 않을 거야.

도전! 문장 쓰기

_____

5 그는 모자를 쓰지 않을 거야.

He _____ wear a hat.

6 그는 선글라스를 쓰지 않을 거야.

_____ _____ _____ sunglasses.

7 나는 선글라스를 쓰지 않을 거야.

I _____ _____ sunglasses.

8 나는 바지를 입지 않을 거야.

_____ _____ _____ pants.

9 우리는 바지를 입지 않을 거야.

도전! 문장 쓰기

_____

10 우리는 바지를 만들지 않을 거야.

_____ _____ make pants.

11 제인은 바지를 만들지 않을 거야.

Jane _____ _____ pants.

12 제인은 떠들지 않을 거야.

Jane _____ make a noise.

13 그녀는 떠들지 않을 거야.

도전! 문장 쓰기

_____

14 그녀는 침대를 정리하지 않을 거야.

_____ _____ make the bed.

15 그들은 침대를 정리하지 않을 거야.

도전! 문장 쓰기

_____

16 그들은 불을 지피지 않을 거야.

_____ _____ make a fire.

17 프레드는 불을 지피지 않을 거야.

Fred _____ _____ a fire.

18 우리는 불을 지피지 않을 거야.

도전! 문장 쓰기

_____

 알아두면 좋아요

필수 단어 use 사용하다 buy 사다 hat 모자 wear (모자, 안경을) 쓰다, (옷을) 입다 sunglasses 선글라스 pants 바지
make 만들다 make a noise 떠들다 make the[one's] bed 침대를 정리하다 make a fire 불을 지피다

Will you buy a bag?

너는 가방을 살 거니?

바빠 영문법 **27**

Unit 27 듣기

⭐ 물어볼 때는 will을 주어 앞으로

'~할 거니?'라고 물어볼 때는 **will을 주어 앞으로** 보내기만 하면 되는 거야!

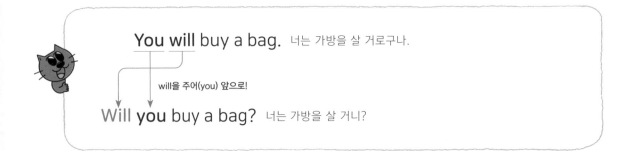

You will buy a bag. 너는 가방을 살 거로구나.

will을 주어(you) 앞으로!

Will you buy a bag? 너는 가방을 살 거니?

⭐ 응답은 간단하게

✏️ 쓰면서 확인해 봐요!

미래 시제의 의문문	긍정의 대답	부정의 대답
Will you buy a bag? 너는 가방을 살 거니? ¹_____ they buy a bag? 그들은 가방을 살 거니?	Yes, I will. Yes, they will.	No, I won't. No, they ²_____.
Will he buy a bag? 그는 가방을 살 거니? Will it snow tomorrow? 내일 눈이 올까?	Yes, he will. Yes, it ³_____.	No, he won't. No, it won't.

부정의 대답을 할 땐,
'No, I will not.' 대신
'No, I won't.'와 같이
줄임말로도 써.

142

정답 1 Will 2 won't 3 will

1

너는   / 영화 보러 갈 것이다.
You **will go** to the movies.

_____ _____ _____ to the movies?
~할 것이니   / 너는   / 영화 보러 가다?

2

그녀의 딸은   / 방문할 것이다   / 나를.
Her daughter **will visit** me.

_____ _____ _____ _____ me?
~할 것이니   / 그녀의 딸은   / 방문하다   / 나를?

_ i n

3

그들은   / 우승할 것이다 / 그 대회에서.
They **will win** the contest.

_____ _____ _____ the contest?
~하겠니   / 그들은   / 우승하다   / 그 대회에서?

s _ n n y

4

(비인칭 주어) / ~일 것이다 / 덥고 화창한.
It **will be** hot and sunny.

_____ _____ _____ hot and sunny?
~일 것이니   / (비인칭 주어) / ~이다   / 덥고 화창한?

_ o o

5

그녀는   / 갈 것이다   / 동물원에   / 내일.
She **will go** to the zoo tomorrow.

_____ _____ _____ to the zoo tomorrow?
~할 것이니   / 그녀는   / 가다   / 동물원에   / 내일?

6

그의 아들은   / ~될 것이다   / 12살이   / 이번 달에.
His son **will be** 12 years old this month.

_____ _____ _____ ____ 12 years old this month?
~일 것이니   / 그의 아들은   / ~되다 / 12살이   / 이번 달에?

① _____ _____ be 10 years old this month? — Yes, I will.

~할 것이니 / 너는 / ~되다 / 10살이 / 이번 달에? 응, 그럴 거야.

② _____ _____ _____ 13 years old _____ _____? — Yes, _____ _____.

~할 것이니 / 그녀는 / ~되다 / 13살이 / 이번 달에? 응, 그럴 거야.

③ _____ she _____ _____ _____ _____ next month? — No, she won't.

~할 것이니 / 그녀는 / ~되다 / 13살이 / 다음 달에? 아니, 안 그럴 거야.

┌ <be + 장소>: 1. ~에 있다 2. ~에 오다, ~에 가다
└ be here: 여기에 오다 be there: 거기에 가다

④ _____ he be _____ next month? — No, he won't.

~할 것이니 / 그는 / 여기에 오다 / 다음 달에? 아니, 안 그럴 거야.

⑤ Will _____ _____ here this Saturday? — Yes, he _____.

~할 것이니 / 그는 / 여기에 오다 / 이번 주 토요일에? 응, 그럴 거야.

⑥ _____ _____ be there _____ _____? — No, he _____.

~할 것이니 / 그는 / 거기에 가다 / 이번 주 토요일에? 아니, 안 그럴 거야.

⑦ _____ they _____ _____ this Saturday? — _____, they will.

~할 것이니 / 그들은 / 거기에 가다 / 이번 주 토요일에? 응, 그럴 거야.

⑧ _____ you be there _____ _____? — No, I _____.

~할 것이니 / 너는 / 거기에 가다 / 이번 주 토요일에? 아니, 안 그럴 거야.

⑨ _____ _____ have lunch _____ her? — Yes, I will.

~할 것이니 / 너는 / 점심을 먹다 / 그녀와 함께? 응, 그럴 거야.

⑩ _____ you _____ dinner with _____ _____ Sunday? — _____, I won't.

~할 것이니 / 너는 / 저녁을 먹다 / 그녀와 함께 / 일요일에? 아니, 안 그럴 거야.

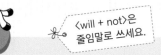
1 내일 (날씨가) 추울까?   아니, 안 그럴 거야.

_____ it be _____ _____? — No, it won't.

2 모레 (날씨가) 추울까?   응, 그럴 거야.

_____ _____ _____ cold the day after tomorrow? — Yes, it will.

3 모레 (날씨가) 더울까?   아니, 안 그럴 거야.

_____ _____ _____ _____ the day after tomorrow? — No, it won't.

4 모레 (날씨가) 비가 올까?   도전! 문장 쓰기

_____

5 모레 (날씨가) 눈이 올까?

_____ _____ _____ the day after tomorrow?

6 모레 그것이 도착할까?

_____ _____ arrive the day after tomorrow?

7 모레 그의 딸이 도착할까?   도전! 문장 쓰기

_____

8 모레 그의 딸이 떠날까?   아니, 안 그럴 거야.

_____ his daughter leave the day after tomorrow? — No, she _____.

9 내일 그의 딸이 떠날까?   응, 그럴 거야.

_____ tomorrow? — Yes, she _____.

10 내일 그들이 떠날까?　　　　　　　　　　　　　아니, 안 그럴 거야.

_____ they _____ _____? — No, _____ _____.

11 내일 그들이 파티에 올까?　　　　　　　　　　　　응, 그럴 거야.

_____ _____ _____ to the party tomorrow? — Yes, they _____.

12 내일 너는 파티에 올 거니?　　　　　　　　　　　응, 그럴 거야.

_____ — Yes, I _____.

13 내일 너는 축제에 올 거니?　　　　　　　　　　　아니, 안 그럴 거야.

_____ _____ come _____ the festival tomorrow? — _____

14 너는 축제에 갈 거니?

_____ you _____ to the festival?

15 너는 나와 함께 축제에 갈래?　　　　　　　　　　좋아.

_____ _____ go _____ the festival _____ me? — Okay.

16 이번 주말에 나와 함께 영화 보러 갈래?

_____ you _____ to the movies with _____ this weekend?

17 그가 이번 주말에 영화 보러 갈까?

도전! 문장 쓰기

_____

18 그가 이번 주말에 학교에 갈까?

_____ he _____ _____ school this weekend?

146

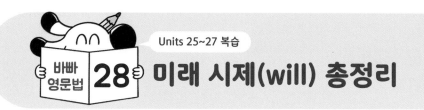

01 비교하면 답이 보인다!

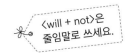
‹will + not›은
줄임말로 쓰세요.

1

그녀는 / 떠날 것이다 / 이번 주말에.
She **will leave** this weekend.

She _____ _____ this weekend.

그녀는 / 떠나지 않을 것이다 / 이번 주말에.

2

(비인칭 주어) / ~일 것이다 / 비가 오는.
It **will be** rainy.

It _____ _____ rainy.

(비인칭 주어) / ~이지 않을 것이다 / 비가 오는.

3

나는 / 요리할 것이다 / 닭고기를.
I _____ _____ chicken.

_____ _____ _____ chicken?

~할 것이니 / 너는 / 요리하다 / 닭고기를?

4

그들은 / 페인트칠할 것이다 / 지붕을.
They _____ _____ the roof.

_____ _____ _____ the roof?

~할 것이니 / 그들은 / 페인트칠하다 / 지붕을?

5

기차가 / 도착할 것이다 / 오전 11시에.
The train _____ _____ at 11 a.m.

_____ _____ _____ at 11 a.m.?

~할 것이니 / 기차가 / 도착하다 / 오전 11시에?

147

02 쓰다 보면 문법이 보인다!

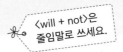
〈will + not〉은
줄임말로 쓰세요.

1 She _____ _____ a taxi.
그녀는 택시를 타지 않을 거야.

2 She _____ _____ a taxi.
그녀는 택시를 탈 거야.

3 You _____ _____ _____ _____.
너는 택시를 탈 거구나.

4 _____ _____ _____ a train.
너는 기차를 탈 거구나.

5 _____ _____ _____ a train?
너는 기차를 탈 거니?

6 _____
그는 기차를 탈 거니?

7 He _____ _____ a train.
그는 기차를 탈 거야.

8 _____ _____ _____ a bath.
그는 목욕을 할 거야.

9 _____
우리는 목욕을 할 거야.

10 We _____ _____ a bath.
우리는 목욕을 하지 않을 거야.

⑪ They _____ _____ _____ _____.
그들은 목욕을 하지 않을 거야.

⑫ _____ _____ _____ a shower.
그들은 샤워를 하지 않을 거야.

⑬ _____
그녀는 샤워를 하지 않을 거야.

⑭ _____
그녀는 샤워를 할 거야.

⑮ _____
그녀는 샤워를 할 거니?

⑯ Will you _____ _____ _____?
너는 샤워를 할 거니?

⑰ _____ _____ _____ medicine?
너는 약을 먹을 거니?

⑱ Will he _____ _____?
그는 약을 먹을 거니?

알아두면 좋아요

동사 take의 다양한 뜻

1. take a bus[taxi, train, subway]: 버스[택시, 기차, 지하철]를 타다

2. take a bath[shower]: 목욕[샤워]하다

3. take medicine: 약을 먹다

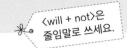
〈will + not〉은
줄임말로 쓰세요.

1 우리는 영화 보러 갈 거야.

We _____ _____ to the movies.

2 우리는 영화 보러 가지 않을 거야.

_____ _____ _____ to the movies.

3 그녀는 영화 보러 가지 않을 거야.

도전! 문장 쓰기

_____

4 그녀는 오늘 쇼핑하러 가지 않을 거야.

_____ _____ _____ shopping today.

5 그녀는 오늘 쇼핑하러 갈 거야.

She _____ _____ _____ today.

6 그녀는 오늘 쇼핑하러 갈 거니?

도전! 문장 쓰기

_____

7 그들은 내일 쇼핑하러 갈 거니?

_____ _____ _____ _____ tomorrow?

8 그들은 내일 낚시하러 갈 거야.

They _____ _____ fishing tomorrow.

9 그들은 내일 낚시하러 가지 않을 거야.

They _____ _____ _____ tomorrow.

10 나는 일요일에 낚시하러 가지 않을 거야.

_____ _____ _____ _____ on Sunday.

11 나는 일요일에 낚시하러 갈 거야.

_____

도전! 문장 쓰기

12 나는 일요일에 하이킹하러 갈 거야.

_____ _____ _____ hiking on Sunday.

13 내 형과 나는 일요일에 하이킹하러 가지 않을 거야.

My brother and I _____ go _____ _____ Sunday.

14 그는 이번 주말에 하이킹하러 가지 않을 거야.

_____ _____ _____ _____ this weekend.

15 그는 이번 주말에 수영하러 갈 거야.

_____ _____ _____ swimming this weekend.

16 그는 이번 주말에 수영하러 갈 거니?

_____ _____ go _____ this weekend?

17 너는 이번 주말에 수영하러 갈 거니?

_____

도전! 문장 쓰기

18 너는 이번 주말에 캠핑하러 갈 거니?

_____ you _____ camping _____ _____?

 **알아두면 좋아요**

필수 표현 go to the movies 영화 보러 가다 go shopping 쇼핑하러 가다 go fishing 낚시하러 가다
go hiking 하이킹하러 가다 go swimming 수영하러 가다 go camping 캠핑하러 가다

151

표로 정리하는 초등 영문법 ②

명령문	
긍정문	부정문
Be quiet.	Don't be late.
Be quiet, please.	Don't be late, please.
Open the door.	Don't open the door.
Please open the door.	Please don't open the door.
Let's open the door.	Let's not open the door.

현재진행 시제		
긍정문	부정문	의문문
I'm eating meat.	I'm not eating meat.	Am I eating meat?
You're watching TV.	You're not watching TV.	Are you watching TV?
He's making a cake.	He's not making a cake.	Is he making a cake?
She's swimming.	She's not swimming.	Is she swimming?
They're lying on the grass.	They're not lying on the grass.	Are they lying on the grass?

be동사의 과거 시제		
긍정문	부정문	의문문
I was busy yesterday.	I wasn't busy yesterday.	Was I busy yesterday?
We were busy yesterday.	We weren't busy yesterday.	Were we busy yesterday?
You were busy yesterday.	You weren't busy yesterday.	Were you busy yesterday?
He was busy yesterday.	He wasn't busy yesterday.	Was he busy yesterday?
She was busy yesterday.	She wasn't busy yesterday.	Was she busy yesterday?
They were busy yesterday.	They weren't busy yesterday.	Were they busy yesterday?
There was a box.	There was no box.	Was there a box?
There were boxes.	There were no boxes.	Were there boxes?

일반동사의 과거 시제

긍정문	부정문	의문문
You **played** games.	You **didn't play** games.	**Did** you **play** games?
They **liked** me.	They **didn't like** me.	**Did** they **like** me?
She **studied** English.	She **didn't study** English.	**Did** she **study** English?
He **dropped** his book.	He **didn't drop** his book.	**Did** he **drop** his book?

과거진행 시제

긍정문	부정문	의문문
He **was sleeping**.	He **wasn't sleeping**.	**Was** he **sleeping**?
They **were sleeping**.	They **weren't sleeping**.	**Were** they **sleeping**?

전치사 at/on/in

	시간 전치사		장소 전치사
at	at 8:00 at noon at dawn		at the door at the bus stop at the airport
on	on June 6th on Monday on Christmas Day		on the floor on the wall on Brown Street
in	in April in 2023 in the future		in the classroom in Seoul in Korea

미래 시제(will)

긍정문	부정문	의문문
You **will swim**.	You **won't swim**.	**Will** you **swim**?
He **will swim**.	He **won't swim**.	**Will** he **swim**?
It **will snow** tomorrow.	It **won't snow** tomorrow.	**Will** it **snow** tomorrow?

바빠 시리즈
초·중등 영어 교재 한눈에 보기

	유아~취학 전	초등 저학년
알파벳/파닉스	7살 첫 영어-알파벳 ABC 7살 첫 영어-파닉스	바쁜 초등학생을 위한 빠른 파닉스 1, 2
리딩	파닉스 1등 채널 비비쌤 강의 전체 제공	바빠 초등 파닉스 리딩 1, 2 (2023년 2월 완간)
단어		바쁜 초등학생을 위한 빠른 사이트 워드 1, 2 바쁜 초등학생을 위한 빠른 영단어 스타터 1, 2
문법		

수업 시간에
손을 번쩍!

초등 중학년	초등 고학년	중학생

영어동화 100편: 명작동화 / 과학동화 / 위인동화(초등 전학년)

바쁜 3·4학년을 위한
빠른 영단어

바쁜 5·6학년을 위한 빠른 영단어

바빠 초등 필수 영단어

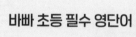

중학생도
바빠
시리즈!

바쁜 3·4학년을 위한
빠른 영문법 1, 2

바빠 초등 영문법-5·6학년용 1, 2, 3
바쁜 영어 시제 특강-5·6학년용
바쁜 5·6학년을 위한 빠른 영작문

문단열의 중학 영문법 소화제 1, 2
문단열의 중학 영문법 소화제 훈련서 1, 2

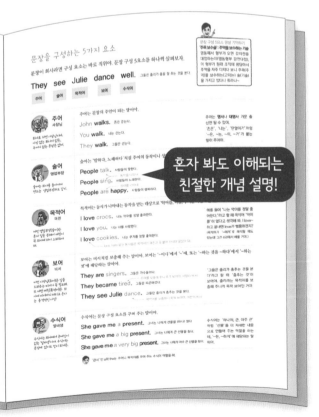

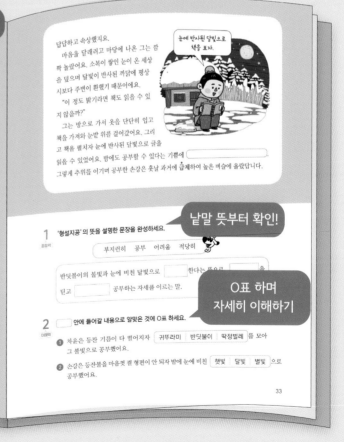

바빠 시리즈 초등 학년별 추천 도서

학년	학기별 연산책 바빠 교과서 연산 학기 중, 선행용으로 추천!	나 혼자 푼다! 수학 문장제 학교 시험 서술형 완벽 대비!
1학년	·바쁜 1학년을 위한 빠른 교과서 연산 1-1 ·바쁜 1학년을 위한 빠른 교과서 연산 1-2	·나 혼자 푼다! 수학 문장제 1-1 ·나 혼자 푼다! 수학 문장제 1-2
2학년	·바쁜 2학년을 위한 빠른 교과서 연산 2-1 ·바쁜 2학년을 위한 빠른 교과서 연산 2-2	·나 혼자 푼다! 수학 문장제 2-1 ·나 혼자 푼다! 수학 문장제 2-2
3학년	·바쁜 3학년을 위한 빠른 교과서 연산 3-1 ·바쁜 3학년을 위한 빠른 교과서 연산 3-2	·나 혼자 푼다! 수학 문장제 3-1 ·나 혼자 푼다! 수학 문장제 3-2
4학년	·바쁜 4학년을 위한 빠른 교과서 연산 4-1 ·바쁜 4학년을 위한 빠른 교과서 연산 4-2	·나 혼자 푼다! 수학 문장제 4-1 ·나 혼자 푼다! 수학 문장제 4-2
5학년	·바쁜 5학년을 위한 빠른 교과서 연산 5-1 ·바쁜 5학년을 위한 빠른 교과서 연산 5-2	·나 혼자 푼다! 수학 문장제 5-1 ·나 혼자 푼다! 수학 문장제 5-2
6학년	·바쁜 6학년을 위한 빠른 교과서 연산 6-1 ·바쁜 6학년을 위한 빠른 교과서 연산 6-2	·나 혼자 푼다! 수학 문장제 6-1 ·나 혼자 푼다! 수학 문장제 6-2

'바빠 교과서 연산'과
'나 혼자 문장제'를
함께 풀면
한 학기 수학 완성!

햇체

연필 잡고 쓰다 보면 기초 영문법이 끝난다

5·6
학년용

초등영문법 2

바쁜 친구들이 즐거워지는
빠른 학습법

영재

이지스에듀

내가 틀린 문제를
꼭 확인하자!

알찬 교육 정보도 만나고 출판사 이벤트에도 참여하세요!

1. 바빠 공부단 카페 www.easysedu.co.kr

바빠 공부단

바쁜 친구들이 즐거워지는 빠른 학습법!

바빠 공부단 카페에서 함께 공부해요! 수학, 영어,
국어 담당 바빠쌤의 격려와 칭찬도 받을 수 있어요.

2. 인스타그램 + 카카오 채널

easys_edu   이지스에듀

@easys_edu   친구 1,328

🔍 이지스에듀 검색!

바빠 시리즈 출간 소식과 출판사 이벤트, 교육 정보를
제일 먼저 알려 드려요!

01 | Open the window.

01 비교하면 답이 보인다!

1
너는 / ~이다 / 착한 소년.
You are a good boy.
Be ___ a good boy.
~이어라 / 착한 소년. [착한 소년이 되어라.]

2
너는 / ~이다 / 잘 대하는 / 다른 사람들에게
You are nice to others.
Be ___ nice to others.
~이어라 / 잘 대하는 / 다른 사람들에게 [다른 사람들에게 잘 대하라.]

3
너는 / ~이다 / 친절한 / 나이 드신 분들께
You are kind to old people.
Be ___ kind to old people.
~이어라 / 친절한 / 나이 드신 분들께 [나이 드신 분들을 친절하게 대하라.]

4
너는 / 앉다
You sit down.
Sit ___ down.
앉아라.

5
너는 / 일어서다
You stand up.
Stand ___ up.
일어서라.

6
너는 / 열다 / 창문을
You open the window.
[open의 여러 가지 뜻: 1.(문 등을) 열다 2. (책 등을) 열다/펼치다 3. (눈을) 뜨다]
Open ___ the window.
열어라 / 창문을

Word Check

s i t

s t a n d

o p e n

13

02 쓰다 보면 문법이 보인다!

1 Be ___ happy.
~이어라 / 행복한.

2 Be ___ quiet.
~이어라 / 조용한.

3 Be ___ nice.
~이어라 / 다정한.
[nice의 여러 가지 뜻: 1. 좋은, 괜찮은 2. 다정한, 친절한 3. (행동이) 얌전한, 예의 바른]

4 Be ___ nice to others.
~이어라 / 다정한 / 다른 사람들에게

5 Be ___ kind to others.
~이어라 / 친절한 / 다른 사람들에게

6 Open ___ the door.
열어라 / 문을
[명령하는 사람과 영향을 받는 사람, 모두 어느 문장인지 알고 있을 때는 door[window] 앞에 항상 the를 써.]

7 Close ___ the door.
닫아라 / 문을
[close의 여러 가지 뜻: 1.(문 등을) 닫다 2. (책 등을) 닫다 3. (눈을) 감다]

8 Close ___ the window.
닫아라 / 창문을

9 Close ___ your book.
닫아라 / 네 책을

10 Bring ___ your ___ book ___ to me.
가져라 / 네 책을 / 내게.

문제로 문법 정리

우리말과 일치하도록 괄호 안의 단어를 바르게 배열하세요.

1. 네 선생님들께 친절해라.
(teachers / to / kind / your / be)
→ Be kind to your teachers.

2. 네 가방을 내게 가져오렴.
(to / bag / bring / me / your)
→ Bring your bag to me.

14

03 문장이 써지면 영문법은 OK!

1 자신의 그릇들을 씻어주세요.
___ Wash ___ your dishes, please.

2 자신의 그릇들을 씻어주세요.
Please ___ wash ___ your ___ dishes ___.

도전! 문장 쓰기

3 (당신의) 손을 씻어주세요.
Please wash your hands.

4 (당신의) 손을 닦아주세요.
Please ___ clean ___ your ___ hands.

5 자신의 방을 청소하세요.
Please ___ clean ___ your room.

도전! 문장 쓰기

6 네 방을 청소해라.
Clean your room.

7 네 책상을 청소해라.
Clean ___ your ___ desk.

8 자신의 책상을 청소하세요.
Clean ___ your desk, please.

9 창문들을 청소하세요.
Clean ___ the ___ windows, please.

10 창문들을 열어 주세요.
Open ___ the windows, please.

11 (당신의) 책을 열자세요.
Open ___ your ___ book ___, please.

12 (당신의) 책을 가져오세요.
Bring your book, ___.

13 네 점심을 가져와라. ▶ '~해라'라고 할 때는 please가 붙지 않아요.
Bring your lunch.

도전! 문장 쓰기

14 네 숟가락과 포크를 가져와라.
___ Bring ___ your spoon and fork.

15 당신의 숟가락과 포크를 가져오세요.
Bring ___ your ___ spoon ___ and ___ fork ___, please.

16 자신의 숟가락과 포크를 사용하세요.
Use ___ your spoon and fork, ___ please ___.

17 자신의 숟가락과 포크를 사용하세요.
Please use ___ your ___ spoon ___ and ___ fork ___.

도전! 문장 쓰기

18 자신의 핸드폰을 사용하세요.
Please use your cell phone.

알아두면 좋아요

필수 단어 please (다른 사람에게 정중하게 뭔가를 하라고 하거나 부탁할 때 덧붙이는 말) 제발, 부디 wash[do] the dishes 설거지하다 cell phone 핸드폰 clean 닦다, 청소하다 room 방 window 창문 bring 가져오다 fork 포크 use 사용하다 spoon 숟가락

16

02 Don't open the window.

01 비교하면 답이 보인다!

1
~이어라 / 게으른
Be lazy.
~하지 마라 / ~이다 / 게으른
Don't ____ be ____ lazy ____.

2
~이어라 / 조용한
Be quiet.
~하지 마라 / ~이다 / 시끄러운
Don't ____ be ____ noisy ____.

3
외라 / 정시에 / 학교에
Be on time for school.
~하지 마라 / ~이다 / 늦은 / 학교에
Don't ____ be ____ late ____ for school.

4
일어서라
Stand up.
~하지 마라 / 일어서다
Don't ____ stand ____ up ____.

5
앉아라
Sit down.
~하지 마라 / 앉다
Don't ____ sit ____ down ____.

6
가라 / 집에
Go home.
~하지 마라 / 가다 / 집에
Don't ____ go ____ home ____.

Word Check
조용한 — q u i e t
정시에 — o n t i m e

02 써 보면 답이 보인다!

1
~하지 마라 / ~이다 / 두려운
Don't ____ be ____ be afraid.

2
~하지 마라 / ~이다 / 화난
Don't ____ be ____ angry.

3
~하지 마라 / ~이다 / 슬픈
Don't ____ be ____ sad.

4
~하지 마라 / 울다
Don't ____ cry.

5
~하지 마라 / 가다 / 지금
Don't ____ go ____ now.

6
~하지 마라 / 오다 / 지금
Don't ____ come ____ now.

7
~하지 마라 / 공부하다 / 지금
Don't ____ study now.

8
~하지 마라 / 공부하다 / 밤 늦게
Don't ____ study ____ late at night.

9
~하지 마라 / 게임을 하다 / 밤 늦게
Don't ____ play ____ games late ____ at ____ night ____.

10
~하지 마라 / 드럼을 치다 / 밤 늦게
Don't ____ play ____ the drums ____ late ____ at night.

문제로 문법 정리

우리말과 일치하도록 괄호 안의 단어를 바르게 배열하세요.

1. 늦지 말아라.
(late / be / don't)
→ Don't be late.

2. 밤 늦게 TV를 보지 마라.
(watch TV / don't / at night / late)
→ Don't watch TV late at night.

03 문장이 써지면 이 영문법은 OK!

〈do + not〉으로 명령문으로 써요

1. 제발 수업에 늦게 오지 마세요.
Please ____ don't ____ come ____ to the class late.

2. 제발 파티에 늦게 오지 마세요.
____ Please ____ don't ____ come to the party ____ late ____.

3. 제발 여기에 늦게 오지 마세요.
____ Please ____ don't ____ come ____ here ____ late ____.

4. 제발 여기에 오지 마세요.
Please don't come here.

5. 제발 TV를 보지 마세요.
____ Please ____ don't ____ watch TV.

6. TV를 보지 마라.
Don't watch TV.

7. 그 경기를 보지 마라.
Don't ____ watch the ____ game ____.

8. 지금 게임을 하지 마라.
Don't ____ play ____ the game now.

9. 지금 게임을 하지 마세요, 제발.
Don't ____ play ____ the ____ game ____ now ____, please.

10. 지금 밖에 나가지 마세요, 제발.
____ Don't ____ go out now, please.

11. 제발 지금 밖에 나가지 마세요.
Please ____ don't ____ go ____ out ____ now.

12. 제발 호수에 가지 마세요.
Please ____ don't ____ go ____ to the lake.

13. 제발 호수에서 스케이트 타지 마세요.
____ Please ____ don't ____ skate ____ on the lake.

14. 제발 강에서 스케이트 타지 마세요.
____ Please ____ don't ____ skate ____ on the river.

15. 강에서 스케이트 타지 마라.
Don't skate on the river.

16. 카펫 위에서 스케이트 타지 마라!
Don't ____ skate ____ on the carpet!

17. 카펫 위에서 주스를 마시지 마라!
Don't ____ drink ____ juice on the carpet!

18. 제발 카펫 위에서 뛰지 마세요!
Please don't run on the carpet!

알아두면 좋아요

필수 단어 class 수업 late 늦은, 늦게 game 게임, 경기 go out 밖에 나가다 skate 스케이트를 타다 lake 호수 river 강 carpet 카펫 drink 마시다 run 뛰다, 달리다

쓰다 보면 외워진다! 02

① Let's ___ do ___ our homework.
   ~하자 / 하다 / 우리 숙제를.

② Let's ___ do the dishes.
   ~하자 / 설거지를 하다.

③ Let's wash the ___ dishes ___ .
   ~하자 / 씻다 / 설거지를 하다.

④ Let's ___ wash our ___ hands ___ .
   ~하자 / 씻다 / 우리 손들을.

⑤ Let's ___ wash ___ our feet.
   ~하자 / 씻다 / 우리 발들을.

⑥ Let's ___ take care of our ___ feet ___ .
   ~하자 / 관리하다 / 우리 발들을.

⑦ Let's ___ take ___ care ___ of ___ our skin.
   ~하자 / 관리하다 / 우리 피부를.

⑧ Let's ___ take ___ care of ___ our ___ pets.
   ~하자 / 돌보다 / 우리 애완동물들을.

⑨ Let's ___ take a shower.
   ~하자 / 샤워하다.

⑩ Let's ___ take a bath.
   ~하자 / 목욕하다.

24

읽어두면 좋아요

제안할 때 쓰는 다양한 표현
1. How about + -ing ~? (~하는 게 어때?)
   ⓔ How about going for a walk?
      산책하는 게 어때?
2. Shall we + 동사원형 ~? (우리 ~할래?)
   ⓔ Shall we have lunch?
      우리 점심 먹을래?
3. Why don't we + 동사원형 ~?
   (우리 ~하는 게 어때?)
   ⓔ Why don't we go shopping?
      우리 쇼핑하러 가는 게 어때?

문제로 문법 정리

괄호 안의 단어 중 알맞은 것을 고르세요.

1. Let's (take / takes) care of our teeth.
2. Let's (no / not) do the dishes.

비교하면 답이 보인다! 01

① ~하자 / 청소하다 / 집을.
   Let's clean the house.

   Let's not clean the house.
   ~하지 말자 / 청소하다 / 집을.

② ~하자 / 빨다 / 옷을
   Let's ___ wash the clothes.

   Let's ___ not ___ wash the clothes.
   ~하지 말자

③ ~하자 / 청소하다 / 욕실을
   Let's ___ clean the bathroom.

   Let's ___ not ___ clean ___ the bathroom.
   ~하지 말자 / 청소하다 / 욕실을

④ ~하자 / 설거지하다.
   Let's ___ wash ___ the dishes.

   Let's ___ not ___ wash ___ the dishes.
   ~하지 말자 / 설거지하다.

⑤ ~하자 / 물 주다 / 식물에
   Let's ___ water the plants.

   Let's ___ not ___ water ___ the plants.
   ~하지 말자 / 물 주다 / 식물에

⑥ ~하자 / 내다 놓다 / 쓰레기를.
   Let's ___ take out the trash.

   Let's ___ not ___ take ___ out the trash.
   ~하지 말자 / 내다 놓다 / 쓰레기를.

water: 1. (명사) 물 2. (동사) 물을 주다

23

Word Check

c l o t h e s   옷

b a t h r o o m   욕실

p l a n t   식물

t r a s h   쓰레기

11 운동장에서 농구하자.
Let's ____ play ____ basketball ____ in the playground.

12 체육관에서 농구하자.
Let's ____ play basketball in the ____ gym ____ .

13 체육관에서 만나자.
Let's ____ meet ____ in the gym.

도전! 문장 쓰기

14 체육관에서 만나지 말자.
Let's not meet in the gym.

15 체육관 앞에서 만나지 말자.
Let's ____ not ____ meet ____ in front of the gym.

16 극장 앞에서 만나자.
Let's ____ meet ____ in ____ front ____ of ____ the theater.

도전! 문장 쓰기

17 영화 보러 가자.
Let's go to the movies.

18 영화 보러 가지 말자.
Let's ____ not ____ go to the movies.

외워두면 좋아요

필수 단어 playground 운동장, 놀이터 gym 체육관 go to the movies 영화 보러 가다
스포츠를 나타내는 단어 soccer 축구 baseball 야구 basketball 농구 volleyball 배구 tennis 테니스 badminton 배드민턴

---

03 문장이 써지면 이 영문법은 OK!

1 저 레스토랑에 가자.
Let's ____ go ____ to that restaurant.

2 저 레스토랑에서 먹자.
Let's ____ eat at ____ that ____ restaurant ____ .

3 저 레스토랑에서 먹지 말자.
Let's ____ not ____ eat ____ at that restaurant.

4 공원에서 먹지 말자.
Let's ____ not ____ eat ____ in the ____ park ____ .

5 공원에서 배드민턴을 치지 말자.
Let's ____ not ____ play ____ badminton in the park.

6 공원에서 배드민턴을 치자.
Let's play badminton in the park.

도전! 문장 쓰기

7 공원에서 야구하자.
Let's ____ play ____ baseball in the park.

8 운동장에서 야구하자.
Let's ____ play ____ baseball ____ in the playground.

9 운동장에서 야구하지 말자.
Let's not play baseball in the playground.

10 운동장에서 농구하지 말자.
Let's ____ not ____ play basketball ____ in ____ the playground.

도전! 문장 쓰기

04 | 명령문 총정리

01 비교하면 답이 보인다!

~이어라 / 조심하는
Be careful.

①
제발 ____ Please ____ be ____ careful.
~이어라

②
문장을 ____ Close the window.
닫아라 / 창문을
____ Don't ____ close ____ the window.
~하지 마라   닫다   창문을

③
~하지 마라 / ~이다 / 떠드는 / 도서관에서.
Don't be noisy in the library.
제발 ____ Please ____ don't ____ be ____ noisy in the library.
~하지 마라   ~이다   떠드는 / 도서관에서.

④
해라 / 네 숙제를
Do your homework.
해라 ____ Do ____ your homework, ____ please ____.
네 숙제를   제발

⑤
쉬어라
Take a rest here.
~하자 ____ Let's ____ take ____ a rest here.
쉬다   여기에서.

⑥
~하자 / 가다 / 수영하러
Let's go swimming.
~하자 말자 ____ Let's ____ not ____ go ____ swimming.
가다   수영하러

Word Check

c a r e f u l

c l o s e

n o i s y

r e s t

02 쓰다 보면 문법이 보인다!

① ____ Be ____ happy, ____ please ____
행복하세요, 제발

② ____ Be ____ quiet, please.
조용히 해 주세요, 제발.

③ Please ____ be ____ quiet ____ .
제발 조용히 해 주세요.

④ ____ Please ____ be ____ quiet in the library.
제발 도서관에서 조용히 해 주세요.

⑤ ____ Please ____ don't ____ be ____ noisy ____ in ____ the library.
제발 도서관에서 떠들지 말아 주세요.

⑥ ____ Don't ____ be ____ noisy ____ in the library.
도서관에서 떠들지 말아라.

⑦ ____ Don't ____ run ____ in the library.
도서관에서 뛰지 말아라.

⑧ ____ Don't ____ eat ____ food ____ in ____ the ____ library.
도서관에서 음식을 먹지 말아라.

⑨ ____ Don't ____ bring ____ food ____ into the library.
도서관 안으로 음식을 가져오지 말아라.

⑩ ____ Please don't bring food into the library. ____
제발 도서관 안으로 음식을 가져오지 말아 주세요.

문제로 문법 정리

괄호 안의 표현 중 알맞은 것을 고르세요.

1. Please (be / is) careful.

2. (Let / Let's) go shopping.

3. (Don't / Doesn't) visit me today.

7

29

03 문장이 써지면 이 영문법은 OK!

<do + 동사원형>은 명령문으로 쓰세요.

1 파티에 오세요.
Please come to the party.

2 오늘 밤 파티에 오라.
Come to the party tonight.

3 오늘 밤 파티에 가라.
Go to the party tonight.

4 오늘 밤 파티에 가자.
Let's go to the party tonight.

5 오늘 밤 파티에 가지 말자.
Let's not go to the party tonight.

6 오늘 밤 영화 보러 가지 말자.
Let's not go to the movies tonight.

7 이번 주말에 영화 보러 가지 말자.
Let's not go to the movies this weekend.

8 이번 주말에 영화 보러 가지 마라.
Don't go to the movies this weekend.

9 이번 주말에 박물관에 가지 마라.
Don't go to the museum this weekend.

10 이번 주말에 박물관에 가라.
Go to the museum this weekend.

11 이번 주말에 박물관에 가세요.
Please go to the museum this weekend.

12 이번 주말에 박물관을 방문하세요.
Please visit the museum this weekend.

13 이번 주말에 박물관을 방문하자.
Let's visit the museum this weekend.

14 이번 주말에 과학 박물관을 방문하자.
Let's visit the science museum this weekend.

15 오늘 과학 박물관을 방문하자.
Let's visit the science museum today.

16 오늘 과학 박물관을 방문하지 말자.
Let's not visit the science museum today.

17 오늘 과학 박물관을 방문하지 마라.
Don't visit the science museum today.

18 오늘 과학 박물관을 방문하지 마세요.
Please don't visit the science museum today.

필수 단어 tonight 오늘 밤 go to the movies 영화 보러 가다 this weekend 이번 주말 museum 박물관 visit 방문하다 today 오늘

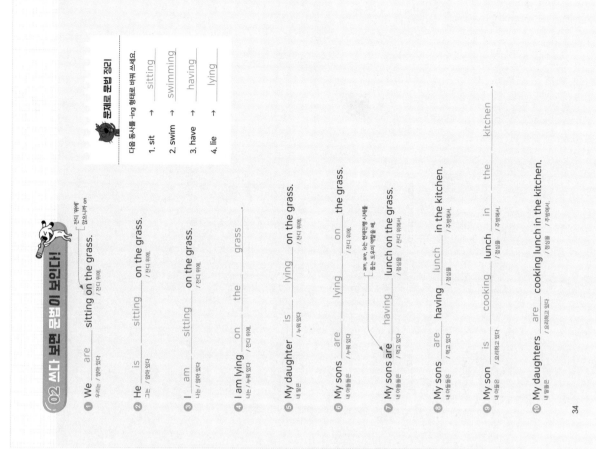

02 빈칸을 채우면 문법이 보인다!

1. We **are** **sitting** on the grass. / 전치 '위에' 앉으니까 on
   우리는 / 앉아 있다 / 잔디 위에.

2. He **is** **sitting** on the grass.
   그는 / 앉아 있다 / 잔디 위에.

3. I **am** **sitting** on the grass.
   나는 / 앉아 있다 / 잔디 위에.

4. I am lying **on** **the** **grass**.
   나는 / 누워 있다 / 잔디 위에.

5. My daughter **is** **lying** **on** **the grass**.
   내 딸은 / 누워 있다 / 잔디 위에.

6. My sons **are** **lying** **on** **the grass**.
   내 아들들은 / 누워 있다 / 잔디 위에.

7. My sons are **having** lunch on the grass.
   내 아들들은 / 먹고 있다 / 점심을 / 잔디 위에서.
   am, are, is는 현재진행 시제를 돕는 도우미 역할을 해!

8. My sons **are** **having** lunch **in the kitchen**.
   내 아들들은 / 먹고 있다 / 점심을 / 주방에서.

9. My son **is** **cooking** **lunch** **in** **the kitchen**.
   내 아들은 / 요리하고 있다 / 점심을 / 주방에서.

10. My daughters **are** cooking lunch in the kitchen.
    내 딸들은 / 요리하고 있다 / 점심을 / 주방에서.

34

문제로 문법 정리

다음 동사를 -ing 형태로 바꿔 쓰세요.

1. sit	→	sitting
2. swim	→	swimming
3. have	→	having
4. lie	→	lying

---

05 | I am watching TV.

01 비교하면 답이 보인다!

1.
   나는 / 한다 / 나의 숙제를
   I **am** **doing** **my** homework. 나는 / 하고 있다
   I do my homework. / 나의 숙제를

2.
   그녀는 / 노래한다 / 노래를.
   She sings a song.
   She **is** **singing** **a** song.
   그녀는 / 노래하고 있다 / 노래를

3.
   우리는 / 탄다 / 자전거를.
   We ride a bike.
   We **are** **riding** **a** bike.
   우리는 / 타고 있다 / 자전거를

4.
   그들은 / 달린다.
   They run.
   They **are** **running**
   그들은 / 달리고 있다

5.
   그는 / 수영한다 / 바다에서.
   He swims in the sea.
   He **is** **swimming** in the sea. / 문 '안에' 들어가 수영하니까 in
   그는 / 수영하고 있다 / 바다에서.

6.
   나는 / 눕는다 / 잔디 위에.
   I lie on the grass.
   I **am** **lying** on the grass.
   나는 / 누워 있다 / 잔디 위에.

Word Check

s i **n** g 노래하다

r **i** d e 타다

l **i** e 눕다

g **r** a s s 풀, 잔디

33

10. 그의 친구는 바닥에서 놀고 있어.
His friend __is__ __playing__ __on__ __the__ floor __.__

11. 그의 친구는 운동장에서 놀고 있어.
His friend __is__ __playing__ on the ground.

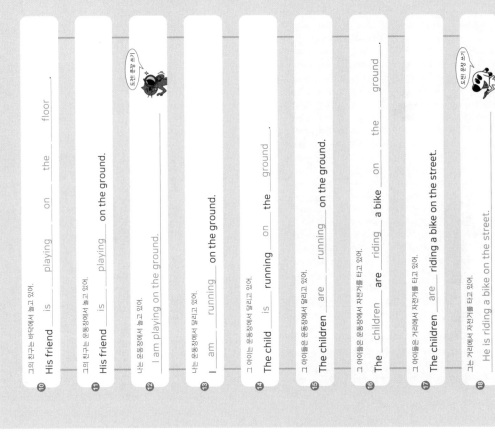

도전! 문장 쓰기

12. 나는 운동장에서 놀고 있어.
I am playing on the ground.

13. 나는 운동장에서 달리고 있어.
I __am__ __running__ on the ground.

14. 그 아이는 운동장에서 달리고 있어.
The child __is__ __running__ __on__ __the__ __ground__ __.__

15. 그 아이들은 운동장에서 달리고 있어.
The children __are__ __running__ on the ground.

16. 그 아이들은 운동장에서 자전거를 타고 있어.
The __children__ __are__ __riding__ __a__ __bike__ __on__ __the__ __ground__ __.__

17. 그 아이들은 거리에서 자전거를 타고 있어.
The children __are__ __riding a bike on the street.

18. 그는 거리에서 자전거를 타고 있어.
He is riding a bike on the street.

도전! 문장 쓰기

36

03 문장이 써지면 이 영문법은 OK!

1. 수지는 그녀의 방에서 공부하고 있어.
Susie __is__ __studying__ in her room.

2. 수지의 언니는 그녀의 방에서 공부하고 있어.
Susie's __sister__ __is__ __studying__ in her room.

3. 수지의 언니들은 그들의 방에서 공부하고 있어.
Susie's sisters are studying in their room.

4. 수지의 언니들은 그들의 방에서 잠자고 있어.
Susie's __sisters__ __are__ __sleeping__ in their room.

5. 수지의 오빠는 그의 방에서 잠자고 있어.
Susie's __brother__ __is__ __sleeping__ __in__ __his__ __room__ __.__

도전! 문장 쓰기

6. 수지의 오빠는 그의 방에 누워 있어.
Susie's __brother__ __is__ __lying in__ __his__ __room__ __.__

7. 수지의 오빠들은 그들의 방에 누워 있어.
Susie's brothers are __lying__ __in__ __their__ __room__ __.__

8. 수지의 오빠들은 바닥에 누워 있어.
Susie's brothers __are__ __lying__ on the floor.

9. 수지의 오빠들은 바닥에서 놀고 있어.
Susie's brothers are playing on the floor.

도전! 문장 쓰기

35

06 | He isn't watching TV.

01 비교하면 답이 보인다!

1
나는 / 보고 있다 / 영화를.
I am seeing a movie.
I am not seeing a movie.
나는 / 보고 있지 않다 / 영화를

2
그녀는 / 타고 있다 / 버스에.
She is getting on the bus.
She is not getting on the bus.
그녀는 / 타고 있지 않다 / 버스에

3
그들은 / 자르고 있다 / 나무들을.
They are cutting the trees.
They are not cutting the trees.
그들은 / 자르고 있지 않다 / 나무들을

4
나는 / 누워 있다 / 침대에.
I am lying on the bed.
I am not lying on the bed.
나는 / 누워 있지 않다 / 침대에

5
그는 / 요리하고 있다 / 저녁을.
He is cooking dinner.
He is not cooking dinner.
그는 / 요리하고 있지 않다 / 저녁을

6
우리는 / 공부하고 있다 / 함께.
We are studying together.
We are not studying together.
우리는 / 공부하고 있지 않다 / 함께

Word Check

m o v i e

d i n n e r

t o g e t h e r

---

02 빈칸만 보면 답이 보인다!

※ 〈be동사 + not〉은 줄임말로 쓰세요

1 My father isn't working today. / 오늘.
나의 아버지는 / 일하고 있지 않다

2 My parents aren't working today. / 오늘.
나의 부모님은 / 일하고 있지 않다

3 My parents aren't working now. / 지금.
나의 부모님은 / 일하고 있지 않다

4 My parents aren't watching a movie. / 영화를.
나의 부모님은 / 보고 있지 않다

5 My mother isn't watching a movie. / 영화를.
나의 엄마는 / 보고 있지 않다

6 My mother isn't washing the dishes. / 그릇들을.
나의 엄마는 / 씻고 있지 않다

7 I am not washing the dishes. / 그릇들을.
나는 / 씻고 있지 않다

8 I am not taking a shower. / 샤워를.
나는 / 하고 있지 않다

9 They aren't taking a shower. / 샤워를.
그들은 / 하고 있지 않다

10 He isn't taking a shower. / 샤워를.
그는 / 하고 있지 않다

문제로 문법 정리

괄호 안의 표현 중 알맞은 것을 고르세요.
1. My brother (isn't / aren't) taking a shower.
2. They are (no / not) lying on the grass.

도전 문장 쓰기

⑪ 우리는 지금 수영하고 있지 않다.
We aren't swimming at the moment.

⑫ 우리는 컴퓨터를 사용하고 있지 않다.
We aren't using the computer.

⑬ 브라운 씨는 컴퓨터를 사용하고 있지 않다.
Ms. Brown isn't using the computer.

⑭ 브라운 씨는 그녀의 스마트폰을 사용하고 있지 않다.
Ms. Brown isn't using her smartphone.

⑮ 스미스 씨는 그의 스마트폰을 사용하고 있지 않다.
Mr. Smith isn't using his smartphone.

⑯ 그는 컴퓨터를 사용하고 있지 않다.
He isn't using the computer.

⑰ 그는 컴퓨터로 작업하고 있지 않다.
He isn't working on the computer.

⑱ 나는 컴퓨터로 작업하고 있지 않다.
I am not working on the computer.

도전 문장 쓰기

알아두면 좋아요
필수 단어 wait for ~을 기다리다 talk to ~에게[~와] 말하다 at the moment 지금(= now) use 사용하다 smartphone 스마트폰 work on ~로 작업하다

---

(03) 문장이 써지면 이 영문법은 OK!

〈be동사 + ~ing〉로 줄임말로 쓰세요.

❶ 존은 버스를 기다리고 있지 않다.
John isn't waiting for a bus.

❷ 존은 그의 친구들을 기다리고 있지 않다.
John isn't waiting for his friends.

❸ 제인은 그녀의 친구들을 기다리고 있지 않다.
Jane isn't waiting for her friends.

❹ 제인은 그녀의 친구들을 만나고 있지 않다.
Jane isn't meeting her friends.

❺ 나는 내 친구들을 만나고 있지 않다.
I am not meeting my friends.

❻ 나는 내 친구들에게 말하고 있지 않다.
I am not talking to my friends.

❼ 그들은 그들의 친구들에게 말하고 있지 않다.
They aren't talking to their friends.

❽ 그들은 지금 말하고 있지 않다.
They aren't talking at the moment.

❾ 그들은 지금 수영하고 있지 않다.
They aren't swimming at the moment.

❿ 프레드도 지금 수영하고 있지 않다.
Fred isn't swimming at the moment.

도전 문장 쓰기

43쪽

01 비교하면 답이 보인다!

1
그녀는 / 입고 있다 / 드레스를
Is   she   wearing   a dress?
-아니 / 그녀는 / 입고 있는 , 드레스를
She is wearing a dress.

2
나는 / 되고 있다 / 목이 마른
└ get + 형용사: ~되다, ~해지다
You are getting thirsty.
Are   you   getting   thirsty?
-아니 / 나는 / 되고 있는 / 목이 마른?

3
(비인칭주어) / 눈이 오고 있다.
It is snowing.
Is   it   snowing   ?
-아니 / (비인칭주어) / 눈이 오고 있는?

4
그들은 / 기다리고 있다 / 나를
They are waiting for me.
Are   they   waiting   for me?
-아니 / 그들은 / 기다리고 있는 / 나를

5
그는 / 일하고 있다 / 컴퓨터로.
He is working on the computer.
Is   he   working   on the computer?
-아니 / 그는 / 일하고 있는 / 컴퓨터로

6
우리는 / 가고 있다 / 맞는 길을
We are going the right way.
Are   we   going   the right way?
-아니 / 우리는 / 가는 / 맞는 길을

Word Check

- 입다　w e a r
- 목이 마른　t h i r s t y
- 눈이 오다　s n o w
- 기다리다　w a i t

43

44쪽

02 빈칸만 채우면 문법이 보인다!

1 Is   he   reading   the novel? — Yes, he   is
-아니 / 그는 / 읽고 있는 / 그 소설을? / 응, 그래.

2 Is   he   reading   the magazine? — No, he   isn't
-아니 / 그는 / 읽고 있는 / 그 잡지를? / 응, 그래.

3 Are   they   reading the   magazine   ? — Yes, they   are
-아니 / 그들은 / 읽고 있는 / 그 잡지를? / 응, 그래.

4 Are   they   bringing the magazine? — No, they   aren't
-아니 / 그들이 / 가져 오고 있는 / 그 잡지를? / 아니, 안 그래.

5 Are   they   bringing   the book? — Yes,   they   are
-아니 / 그들이 / 가져 오고 있는 / 그 책을? / 응, 그래.

6 Are   you   bringing the   book   ? — No   I'm   not
-아니 / 나는 / 가져 오고 있는 / 그 책을? / 아니, 안 그래.

7 Are   you   buying the book? — Yes,   I   am
-아니 / 나는 / 사고 있는 / 그 책을? / 응, 그래.

8 Are   you   buying   the car? — No,   I'm   not
-아니 / 나는 / 사고 있는 / 그 차를? / 아니, 안 그래.

9 Are   you driving the   car   ? — Yes,   I   am
-아니 / 네가 / 운전하고 있는 / 그 차를? / 응, 그래.

10 Is   she   driving   the car? — No, she   isn't
-아니 / 그녀가 / 운전하고 있는 / 그 차를? / 아니, 안 그래.

44

13

03 문장이 써지면 이 영문법은 OK!

1. 그는 마루에 누워 있니?
Is he lying on the floor?

2. 그녀는 마루에 누워 있니?
Is she lying on the floor?

3. 그녀는 마루에서 춤추고 있니?
Is she dancing on the floor?

4. 그녀는 마루에서 춤추고 있니? (도전 문장 쓰기)
Are they dancing on the floor?

5. 그들은 무대에서 춤추고 있니?
Are they dancing on the stage?

6. 그들은 무대에서 노래하고 있니?
Are they singing on the stage?

7. 그는 무대에서 노래하고 있니? (도전 문장 쓰기)
Is he singing on the stage?

8. 네 반 친구는 무대에서 노래하고 있니?
Is your classmate singing on the stage?

9. 네 반 친구는 여기로 오고 있니?
Is your classmate coming here?

10. 너는 여기로 오고 있니? (도전 문장 쓰기)
Are you coming here?

45

---

11. 네가 나를 찾고 있니?
Are you looking for me?

12. 그녀는 나를 찾고 있니?
Is she looking for me?

13. 그녀는 그들을 찾고 있니?   아니, 안 그래.
Is she looking for them? — No, she isn't.

14. 네가 그들을 보고 있니?   응, 그래.
Is she looking at them? — Yes, she is.

15. 그들이 그녀를 보고 있니?   아니, 안 그래.
Are they looking at her? — No, they aren't.

16. 그것이 그녀를 보고 있니?   아니, 안 그래.
Is it looking at her? — No, it isn't.

17. 비가 오고 있니?   응, 그래.
Is it raining? — Yes, it is.

18. 눈이 오고 있니?
Is it snowing?

(도전 문장 쓰기)

읽어두면 좋아요
필수 단어 lie on ~에 눕다 floor 마루, 바닥 stage 무대 classmate 반 친구 look for ~을 찾다 look at ~을 보다

46

Units 05~07 복습
바빠 영문법 08과 현재진행 시제 총정리
Unit 08 듣기

01 비교하면 답이 보인다!

①
나는 / 찾고 있다 / 시계를
I am looking for a watch.
I ___am___ ___not___ ___looking___ for a watch.
나는 / 찾고 있지 않다 / 시계를

②
그녀는 / 앉아 있다 / 의자에
She is sitting on the chair.
She ___isn't___ ___sitting___ on the chair.
그녀는 / 앉아 있지 않다 / 의자에

③
너는 / 그리고 있다 / 내 얼굴을
You are drawing your face. draw: [네가먼저] 펜·스케치 등으로 그리다
___Are___ ___you___ ___drawing___ your face? — Yes, I am.
-아니 / 너는 / 그리고 있는 / 네 얼굴을 / 응, 맞아.

④
그는 / 그리고 있다 / 저 집을
He is painting that house. paint: (붓과 물감으로) 그리다; 페인트칠하다
___Is___ ___he___ ___painting___ that house? — No, he ___isn't___
-아니 / 그는 / 그리고 있는 / 저 집을? / 아니, 안 그래.

⑤
(비인칭주어) / 눈이 오고 있다 / 밖에.
It is snowing outside.
___Is___ ___it___ ___snowing___ outside? — Yes, ___it___ ___is___
-아니 / (비인칭주어) / 눈이 오고 있는 / 밖에? / 응, 그래.

47

02 쓰다 보면 문법이 보인다!

① He ___is___ ___washing___ his hands.
그는 그의 손을 씻고 있다.

② He ___is___ ___washing___ ___his___ face.
그는 세수하고 있다.

③ I ___am___ ___washing___ ___my face.___
나는 세수하고 있다.

④ I am[I'm] not washing my face.
나는 세수하고 있지 않다.

⑤ I ___am___ ___not___ painting my face.
나는 내 얼굴을 그리고 있지 않다.

⑥ She ___isn't___ ___painting___ his face.
그녀는 그의 얼굴을 그리고 있지 않다. (동사 paint 활용)

⑦ She is ___painting___ his ___face___ .
그녀는 그의 얼굴을 그리고 있다. (동사 paint 활용)

⑧ She ___is___ ___painting___ her house.
그녀는 그녀의 집에 페인트칠을 하고 있다.

⑨ ___Is she painting her house?___
그녀는 그녀의 집에 페인트칠을 하고 있니?

⑩ ___Are___ ___they___ ___painting___ their house?
그들은 그들의 집에 페인트칠을 하고 있니?

48

15

03 문장이 써지면 이 영문법은 OK!

※ <be동사 + not>은 줄임말로 쓰세요.

1 너는 욕실을 청소하고 있니?
Are you cleaning the bathroom? — Yes, I am . 응, 그래.

2 너는 욕실을 사용하고 있니?
Are you using the bathroom ? — No, I'm not . 아니, 안 그래.

3 나는 욕실을 사용하고 있어.
I am using the bathroom .

4 나는 주방을 사용하고 있어.
I am using the kitchen.

5 나는 주방을 사용하고 있지 않아.
I am not using the kitchen.

 도전! 문장 쓰기

6 수지는 주방을 사용하고 있지 않아.
Susie isn't using the kitchen.

7 수지는 주방을 사용하고 있어.
Susie is using the kitchen .

8 수지는 주방을 사용하고 있니?
Is Susie using the kitchen?

도전! 문장 쓰기

9 수지가 그 카메라를 사용하고 있니?
Is Susie using the camera ? — Yes, she is . 응, 그래.

10 그들이 그 카메라를 사용하고 있니?
Are they using the camera ? — Yes, they are.

---

11 They are painting their house .
그들은 그들의 집에 페인트칠을 하고 있다.

12 They are painting the tree.
그들은 그 나무를 그리고 있다.

13 They aren't painting the tree .
그들은 그 나무를 그리고 있지 않다. (동사 paint 활용)

14 You aren't painting the tree.
너는 그 나무를 그리고 있지 않다. (동사 paint 활용)

15 You are painting the tree.
너는 그 나무를 그리고 있다.

16 Are you painting the tree?
너는 그 나무를 그리고 있니?

17 Are you sitting under the tree?
너는 그 나무 아래에 앉아 있니?

18 Is he sitting under the tree?
그는 그 나무 아래에 앉아 있니?

엄마두의 중얼중얼

현재진행 시제를 다시 한 번 정리해 보자!

긍정문	부정문	의문문
You're lying on the bed.	You're not lying on the bed.	Are you lying on the bed?
They're having dinner.	They're not having dinner.	Are they having dinner?
He's running.	He's not running.	Is he running?

09 | I was busy.

Word Check

p l a y g r o u n d

c l a s s r o o m

Tomorrow / Today / Yesterday

y e s t e r d a y

01 비교하면 답이 보인다!

1. 나는 ~이다 / 교사.
I am a teacher.
I __was__ a teacher. 나는 ~이었다 / 교사

2. 너는 / ~이다 / 경찰관.
You are a police officer.
You __were__ a police officer. 너는 / ~이었다 / 경찰관

3. 그는 ~이다 / 배우.
He is an actor.
He __was__ an actor. 그는 / ~이었다

4. 우리는 / 있다 / 운동장에 / 지금.
We are on the playground now.
We __were__ on the playground yesterday. 우리는 / 있었다 / 운동장에 / 어제

5. 그녀는 / 있다 / 교실에 / 지금.
She is in the classroom now.
She __was__ in the classroom yesterday. 그녀는 / 있었다 / 교실에 / 어제

6. 그들은 / 있다 / 음악실에 / 지금.
They are in the music room now.
They __were__ in the music room yesterday. 그들은 / 있었다 / 음악실에 / 어제

53

11. 그들이 그 카메라를 사용하고 있어.
They __are__ __using__ the camera.

12. 그들은 그 카메라를 구입하고 있어.
They are buying the camera. (도전 문장 쓰기)

13. 그들은 그 카메라를 구입하고 있지 않아.
They __aren't__ buying the camera.

14. 존은 그 카메라를 구입하고 있지 않아.
John __isn't__ __buying__ the __camera__ . (도전 문장 쓰기)

15. 존은 바빠지고 있지 않아.
John isn't getting busy.

16. 우리는 바빠지고 있지 않아.
We __aren't__ __getting__ busy. ┌ <get + 형용사> ~되다

17. 우리는 바빠지고 있어.
We __are__ getting busy.

18. 우리는 바빠지고 있니?
Are we getting busy? — No, we __aren't__ . 아니, 안 그래.

외워두면 좋아요

<get + 형용사> ~되다 get busy 바빠지다 get hungry 배고파지다 get thirsty 갈증이 나다 get tired 피곤해지다 get cold 추워지다 get hot 더워지다 get cloudy 흐려지다 get dark 어두워지다

51

02 쓰기가 술술 문법이 탄탄!

1 He was hungry.
그는 /~이었다 /배고픈.

2 He was in the dining room.
그는 /~있었다 /식당에.

3 We were in the dining room.
우리는 /~있었다 /식당에.

4 We were tired.
우리는 /~이었다 /피곤한.

5 She was tired.
그녀는 /~이었다 /피곤한.

6 She was in her bedroom.
그녀는 /~있었다 /그녀의 침실에.

7 You were in your bedroom.
너는 /~있었다 /너의 침실에.

8 You were lazy.
너는 /~이었다 /게으른.

9 Mr. and Mrs. Brown were lazy.
브라운 씨 부부는 /~이었다 /게으른.
Mr. and Mrs. (약) ~ 씨 부부
Mr. and Mrs. Brown 브라운 씨 부부

10 Mr. and Mrs. Brown were in the living room.
브라운 씨 부부는 /~있었다 /거실에.

읽어두면 좋아요
집의 내부 이름
dining room 식당   bedroom 침실
living room 거실   restroom 화장실

문제로 문법 정리
괄호 안의 단어 중 알맞은 것을 고르세요.
1. John (was / were) lazy.
2. They (was / were) in the dining room.

54

03 문장이 써지면 이 영문법은 OK!

1 우리는 집에 있었다.
We were at home.

2 내 여동생은 집에 있었다.
My sister was at home.

3 내 여동생은 매우 바빴다.
My sister was very busy.

4 스미스 씨는 매우 바빴다.
Mrs. Smith was very busy.

5 스미스 씨 부부는 매우 바빴다.
Mr. and Mrs. Smith were very busy.

6 스미스 씨 부부는 도서관에 있었다.
Mr. and Mrs. Smith were in the library.

7 그들은 도서관에 있었다.
They were in the library.

8 수지는 어제 도서관에 있었다.
[도전! 문장 쓰기]
Susie was in the library yesterday.

9 수지는 어제 교실에 있었다.
Susie was in the classroom yesterday.

10 우리는 어제 교실에 있었다.
[도전! 문장 쓰기]
We were in the classroom yesterday.

55

19

Word Check

u n h a p p y

p a l a c e

백, 100
h u n d r e d

01 비교하면 답이 보인다!

1
그녀는 /~이다 / 행복하지 않은 / 지금.
She **is unhappy** now.

그녀는 /~이었다 / 행복하지 않은 / 어제.
She was unhappy ___ yesterday ___ .

2
우리는 /~이다 / 교사들 / 지금.
We ___ are ___ teachers ___ now ___ .

We were teachers ten years ago.
우리는 /~이었다 / 교사들 /10년 전에.

3
그들은 /있다 / 파리에 / 이번 달.
They are in Paris this month.

They ___ were ___ in Paris ___ last ___ month ___ .
파리에 /지난달에

4
있다 / 나무들이 / 지금.
There are trees now.

There ___ were ___ trees a few years ___ ago ___ .
있었다 / 나무들이 / 몇 년 전에.

5
나는 /있다 / 도서관에 / 지금.
I ___ am ___ in the library now.
나는 /있었다 / 도서관에

I ___ was ___ in the library ___ last ___ **Monday**.
나는 /있었다 / 도서관에 / 지난 월요일에.

6
그것은 /~이다 / 박물관 / 지금.
It ___ was ___ a museum ___ now ___ .
그것은 /~이다 / 박물관 / 지금.

It ___ was ___ a palace **a hundred** ___ years ___ ago ___ .
그것은 /~이었다 / 궁전 / 백 년 전에.

58

---

11 수지와 나는 어제 교실에 있었다.
Susie and I ___ were ___ in ___ the ___ classroom ___ yesterday ___ .

12 수지와 나는 어제 운동장에 있었다.
Susie and I ___ were ___ on the playground yesterday.

13 나는 어제 운동장에 있었다.
I was on the playground yesterday.

14 나는 어제 운이 좋았다.
I ___ was ___ lucky yesterday.

15 나는 지난 주말에 운이 좋았다.
I ___ was ___ lucky ___ last weekend.

도전! 문장 쓰기

16 나는 지난 주말에 운이 좋았다.
You ___ were ___ lucky ___ last ___ weekend ___ .

17 그들은 운이 좋았다.
They ___ were ___ lucky ___ .

18 그들은 조종사들이었다.
They were pilots.

도전! 문장 쓰기

용어두뇌 톡톡해요

필수 단어 at home 집에 very 매우, 아주 busy 바쁜, 분주한 library 도서관 yesterday 어제 classroom 교실
playground 운동장 last weekend 지난 주말 lucky 운이 좋은 pilot 조종사 조동사

56

02 문장이 되면 술술 외워져!

1. I was excited ___ last ___ Sunday
나는 / ~이었다 / 신이 난 / 지난 일요일에

2. We ___ were ___ excited ___ last Sunday.
우리는 / ~이었다 / 신이 난 / 지난 일요일에

3. We ___ were ___ sad ___ last ___ Sunday.
우리는 / ~이었다 / 슬픈 / 지난 일요일에

4. She was ___ sad ___ last ___ Sunday.
그녀는 / ~이었다/슬픈 / 지난 일요일에

5. ___ She ___ was ___ sad ___ last ___ Sunday.
그녀는 / ~이었다/슬픈 / 지난 일요일에

6. ___ She ___ was ___ angry a few ___ days ___ ago
그녀는 / ~이었다/슬픈 / 화가 난 / 며칠 전에

7. They were angry ___ a ___ week ___ ago
그들은 / ~이었다/화가 난 / 일주일 전에

8. ___ He ___ was ___ angry ___ a week ago.
그는 / ~이었다 / 화가 난 / 일주일 전에

9. ___ He ___ was ___ angry ___ last ___ week.
그는 / ~이었다 / 화가 난 / 지난주에

10. He was worried ___ last ___ week
그는 / ~이었다 / 걱정되는 / 지난주에

외워두면 좋아요

ago(~전에)를 활용한 표현
ten days ago 10일 전
a few weeks ago 몇 주 전
two months ago 2개월 전
a year ago 1년 전

last(지난) + 시간을 나타내는 명사
last night 어젯밤
last Monday 지난 월요일
last week 지난주
last weekend 지난 주말
last month 지난달
last year 작년

과거 시제와 주로 같이 쓰는 표현들이니 꼭 기억해 두자~

---

03 문장이 써지면 이 영문법은 OK!

우리 부모님은 오늘 집에 계신다.
1. My parents ___ are ___ at home ___ today

우리 부모님은 지난 주말에 집에 계셨다.
2. My parents ___ were ___ at home ___ last ___ weekend.

우리 부모님은 지난 주말에 런던에 계셨다.
3. My ___ parents ___ were ___ in London ___ last ___ weekend

내 누나는 지난달에 런던에 있었다.
4. My sister ___ was ___ in London ___ last ___ month

내 누나는 이번 달에 런던에 있다.
5. My sister ___ is ___ in London ___ this ___ month.

도전 문장 쓰기

내 누나는 지금 런던에 있다.
6. My sister is in London now.

내 누나와 나는 작년에 런던에 있었다.
7. My sister and I ___ were ___ in London ___ last ___ year.

내 누나와 나는 작년에 바빴다.
8. My sister and I ___ were ___ busy ___ last ___ year

도전 문장 쓰기

나는 올해 바쁘다.
9. I am busy this year.

우리는 올해 바쁘다.
10. We ___ are ___ busy ___ this year.

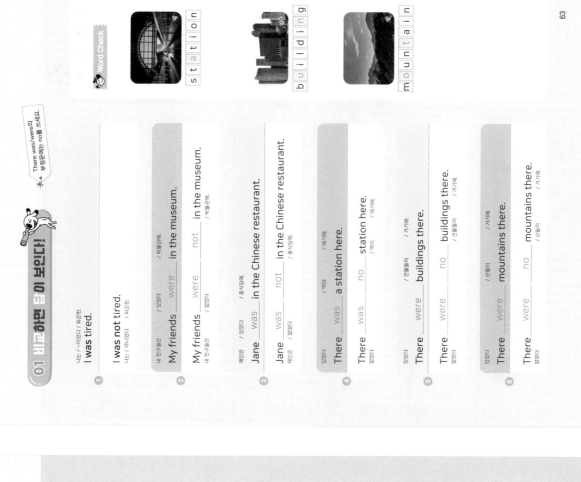

01 비교하면 답이 보인다!

※ There was/were의 부정문에는 no를 쓰세요.

1.
나는 ~이었다 / 피곤한.
I **was** tired.
___
I **was not** tired.
나는 ~아니었다 / 피곤한.

2.
내 친구들은 / 있었다 / 박물관에.
My friends **were** in the museum.
My friends **were** **not** in the museum.
내 친구들은 / 없었다 / 박물관에.

3.
제인은 / 있었다 / 중식당에.
Jane **was** in the Chinese restaurant.
Jane **was** **not** in the Chinese restaurant.
제인은 / 없었다 / 중식당에.

4.
있었다 / 역이 / 여기에.
There **was** a station here.
There **was** **no** station here.
없었다 / 역이 / 여기에.

5.
있었다 / 건물들이 / 거기에.
There **were** buildings there.
There **were** **no** buildings there.
없었다 / 건물들이 / 거기에.

6.
있었다 / 산들이 / 거기에.
There **were** mountains there.
There **were** **no** mountains there.
없었다 / 산들이 / 거기에.

Word Check

s t a t i o n

b u i l d i n g

m o u n t a i n

63

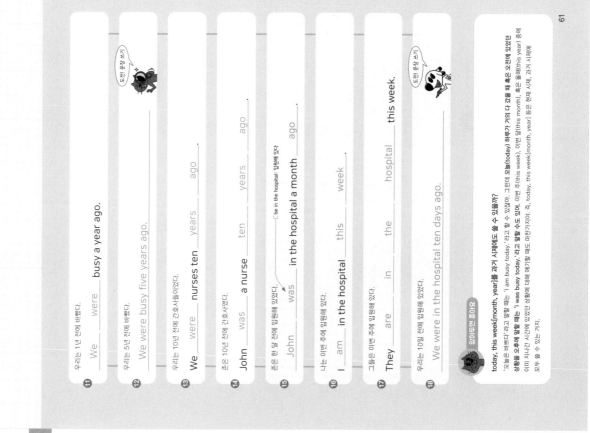

11. 우리는 1년 전에 바빴다.
We **were** busy a year ago.

12. 우리는 5년 전에 바빴다.
We were busy five years ago.

13. 우리는 10년 전에 간호사들이었다.
We **were** nurses ten **years** ago.

14. 존은 10년 전에 간호사였다.
John **was** **a** nurse **ten** **years** ago.

15. 존은 한 달 전에 입원해 있었다. (be in the hospital: 입원해 있다)
John **was** in the hospital a month **ago**.

16. 나는 이번 주에 입원해 있다.
I **am** in the hospital **this** **week**.

17. 그들은 이번 주에 입원해 있다.
They **are** **in** **the** hospital **this week**.

18. 우리는 10일 전에 입원해 있었다.
We were in the hospital ten days ago.

알아두면 힘이요

today, this week[month, year]를 과거 시제에도 쓸 수 있을까?

'오늘 바쁘다'라고 말할 때는 'I am busy today.'라고 할 수 있잖아. 그런데 오늘(today) 하루가 거의 다 갔을 때 혹은 오전에 있었던 상황을 오후에 말할 때는 'I was busy today.'라고 말할 수도 있어. 이번 주(this week), 이번 달(this month), 혹은 올해(this year) 중에 이미 지나간 시간에 있었던 상황에 대해 얘기할 때도 today, this week[month, year] 등은 현재 시제, 과거 시제에 모두 쓸 수 있는 거지.

61

03 문장이 써지면 이 영문법은 OK!

1. 프레드는 서울에 없었다.
   Fred [was] not in Seoul.

2. 프레드와 제인은 서울에 없었다.
   Fred and Jane were not [in] Seoul.

3. 프레드와 제인은 부산에 없었다.
   [Fred] [and] [Jane] [were] [not] in Busan.

4. 프레드와 제인은 배고프지 않았다.
   Fred and Jane were not hungry.

5. 제인은 배고프지 않았다.
   Jane was not[wasn't] hungry.

6. 제인은 목이 마르지 않았다.
   Jane was not thirsty.

7. 제인과 나는 목이 마르지 않았다.
   Jane and I were not [thirsty].

8. 제인과 나는 피곤하지 않았다.
   Jane and I were not tired.

9. 나는 피곤하지 않았다.
   [I] [was] not[wasn't] tired.

10. 그 코치는 피곤하지 않았다.
    The coach [was] not [tired].

---

02 쓰다 보면 문법이 저절로!

※ There was/were이
부정문에는 no를 쓰세요.

1. There [was] no clock in my house.
   없었다 /시계가 / 내 집에

2. There were [no] clocks in my house.
   없었다 /시계들이 / 내 집에

3. There [were] no beds [in] [my] [house].
   없었다 /침대들이 / 내 집에

4. There [was] no [bed] in my house.
   없었다 /침대가 / 내 집에

5. There [was] no sofa in my house.
   없었다 /소파가 / 내 집에

6. There [were] no sofas in my house.
   없었다 /소파들이 / 내 집에

7. There [were] no flowers in my house.
   없었다 /꽃들이 / 내 집에

8. There were no flowers [in] my room.
   없었다 /꽃들이 / 내 방에

9. There [were] no photos in my room.
   없었다 /사진들이 / 내 방에

10. There [was] no photo [in] [my] [room].
    없었다 /사진이 / 내 방에

알아두면 좋아요

부정문에 no를 쓸 때 주의!
부정문에서 no를 쓸 때는 단수 명사가 오더라도 앞에 'a'를 쓰지 않는다는 점에 주의해야 해. 단수 명사 앞에 any를 쓸 때도 'a'가 들어가지 않아.

There **were** no beds.
= There **weren't** beds.
= There **weren't** any beds.

There **was** no bed.
= There **wasn't** a bed.
= There **wasn't** any bed.

01 비교하면 답이 보인다!

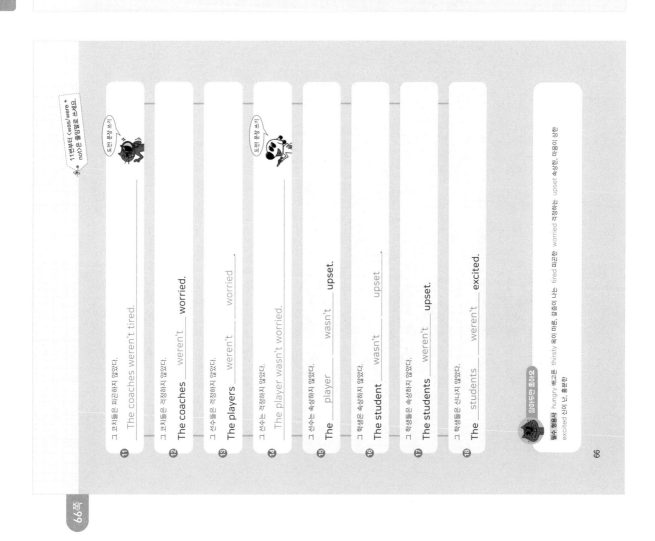

① 그녀는 / ~이었다 / 목이 마른.
She was thirsty.
Was she thirsty? — Yes, she was .
~이었니 / 그녀는 / 목이 마른? 응, 그랬어.

② 너는 / ~이었다 / 늦은 / 학교에.
You were late for school.
Were you late for school? — No, I wasn't .
~이었니 / 그녀는 / 늦은 / 학교에? 아니, 안 늦었어.

③ 오렌지들이 / 정반 위에.
There were oranges on the tray.
Were there oranges on the tray? — No, there weren't .
~이었니 오렌지들이 / 정반 위에? 아니, 없었어.

④ 약간의 과일이 / 냉장고 안에.
There was some fruit in the fridge.
Was there any fruit in the fridge? — Yes, there was.
~이었니 / 과일이 좀 / 냉장고 안에? 응, 있었어.

> there is/are로 의문문에서는 앞이나 수를 나타내는 any가 쓰여.

⑤ 그들은 / 있었다 / 여기에 / 어제.
They were here yesterday.
Were they here yesterday? — Yes, they were .
있었니 / 그들은 / 여기에 / 어제? 응, 그랬어.

⑥ 그것은 / ~이었다 / 궁전 / 여러 해 전에.
It was a palace many years ago.
Was it a palace many years ago? — No, it wasn't .
~이었니 / 그것은 / 궁전 / 여러 해 전에? 아니, 안 그랬어.

---

⑪ 그 코치들은 피곤하지 않았다.
The coaches weren't tired.

⑫ 그 코치들은 걱정하지 않았다.
The coaches weren't worried.

⑬ 그 선수들은 걱정하지 않았다.
The players weren't worried.

⑭ 그 선수는 걱정하지 않았다.
The player wasn't worried.

⑮ 그 선수는 속상하지 않았다.
The player wasn't upset.

⑯ 그 학생은 속상하지 않았다.
The student wasn't upset.

⑰ 그 학생들은 속상하지 않았다.
The students weren't upset.

⑱ 그 학생들은 신나지 않았다.
The students weren't excited.

> ※ 11번부터 <was/were + not>은 줄임말로 쓰세요.
> 도전! 문장 쓰기
> 도전! 문장 쓰기

의미두번 좋아요
필수 형용사 hungry 배고픈 thirsty 목이 마른, 갈증이 나는 tired 피곤한 worried 걱정하는 upset 속상한, 마음이 상한 excited 신이 남, 흥분한

02 쓰다 보면 문장이 보인다!

1. Was there a bench here?
있었니 / 벤치가 / 여기에

2. Were there any benches here?
있었니 / 벤치들이 좀 / 여기에

3. Were there any trees here?
있었니 / 나무들이 좀 / 여기에

4. Were there any trees there?
있었니 / 나무들이 좀 / 거기에

5. Was there a park there?
있었니 / 공원이 / 거기에

6. Was there a museum there?
있었니 / 박물관이 / 거기에

> there의 쓰임:
> ① [장소] 거기에
> ② There is/are ~: ~이 있다

7. Was there a museum in this town? — No, there wasn't.
있었니 / 박물관이 / 이 마을에 / 아니, 없었어.

8. Were there many museums in this town? — Yes, there were.
있었니 / 많은 박물관들이 / 이 마을에 / 응, 있었어.

9. Were there many theaters in this town? — No, there weren't.
있었니 / 많은 극장들이 / 이 마을에 / 아니, 없었어.

10. Was there a fish market in this town? — Yes, there was.
있었니 / 어시장이 / 이 마을에 / 응, 있었어.

69

---

03 문장이 써지면 이 영문법은 OK!

1. 그들은 도서관에 있었니?
Were they in the library?

2. 그들은 오늘 오후에 도서관에 있었니?
Were they in the library this afternoon?

3. 그는 오늘 오후에 도서관에 있었니?
Was he in the library this afternoon?

4. 그는 오늘 오전에 도서관에 있었니?
Was he in the library this morning?

도전! 문장 쓰기

5. 그는 오늘 오전에 슈퍼마켓에 있었니?
Was he in the supermarket this morning?

6. 그는 어제 슈퍼마켓에 있었니?
Was he in the supermarket yesterday?

7. 그는 어제 뉴욕에 있었니?
Was he in New York yesterday?

8. 너는 어제 뉴욕에 있었니?
Were you in New York yesterday?

도전! 문장 쓰기

9. 너는 5년 전에 뉴욕에 있었니?
Were you in New York five years ago?

10. 당신은 5년 전에 교사였나요?
Were you a teacher five years ago?

70

Unit 13 듣기

Units 09~12 복습

13강 be동사 과거 시제·시간 부사 총정리

01 비교하면 답이 보인다!

①
They __are__ at home __today__ .
그들은 / 있다 / 집에 / 오늘.

They __were__ at home last weekend.
그들은 / 있었어 / 집에 / 지난 주말에.

②
There __is__ a good program tonight.
있다 / 좋은 프로그램이 / 오늘 밤.

There __was__ a good program last night.
있었다 / 좋은 프로그램이 / 어젯밤.

③
He and I __were__ students.
그와 나는 / ~이었다 / 학생들.

He and I __were__ __not__ students.
그와 나는 / ~아니었다 / 학생들이.

④
There __Were__ __there__ lakes there?
있었나 / 호수들이 / 저기에?

There __were__ lakes there.
있었다 / 호수들이 / 저기에.

⑤
Jane __was__ a cook several years ago.
제인은 / ~이었다 / 요리사 / 몇 년 전에.

__Was__ __Jane__ __a__ __cook__ __several__ years __ago__ ?
~이었나 / 제인은 / 요리사 / 몇 년 전에?

---

⑪ 밀러 씨는 5년 전에 교사였나요?
__Was__ Mrs. Miller __a__ teacher five years ago? — Yes, __she__ __was__ .
네, 그랬어요.

⑫ 밀러 씨 부부는 5년 전에 교사였나요?
Were Mr. and Mrs. Miller teachers five years ago? — No, __they__ __weren't__ .
아니요, 아니었어요.

⑬ 밀러 씨 부부는 5년 전에 가수였나요?
Were Mr. and Mrs. Miller singers five years ago? — __Yes__ , __they__ __were__ .
네, 그랬어요.

⑭ 밀러 씨는 10년 전에 가수였나요?
__Was__ Mr. Miller __a__ singer ten years ago? — No, __he__ __wasn't__ .
아니요, 아니었어요.

⑮ 당신은 작년에 가수였나요?
__Were__ __you__ __a__ singer __last__ year__ ? — Yes, __I__ __was__ .
네, 그랬어요.

⑯ 너는 작년에 행복했니?
__Were__ __you__ happy last __year__ ? — No, __I__ __wasn't__ .
아니, 안 그랬어.

⑰ 너는 지난 토요일에 행복했니?
__Were__ __you__ happy last Saturday? — Yes, __I__ __was__ .
응, 그랬어.

⑱ 그녀는 지난 토요일에 행복했니?
Was she happy last Saturday? — __No__ , __she__ __wasn't__ .
아니, 안 그랬어.

알아두면 좋아요

this + 시간 표현 this morning 오늘 아침 this afternoon 오늘 오후 this evening 오늘 저녁 this week 이번 주 this weekend 이번 주말 this month 이번 달 this year 이번 해·올해

감정을 나타내는 단어 happy 행복한 unhappy 불행한 bummed 불만한 angry 화난 sad 슬픈 upset 속상한 excited 신이 난 bored 흥분한 tired 피곤한 afraid 두려운 worried 걱정하는

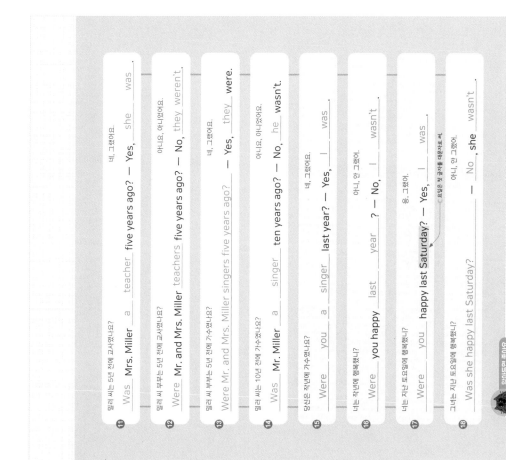

02 시제 과거 문장 만들기

① He __was__ a cook seven years ago.
그는 7년 전에 요리사였다.

② He __was__ __not__ __a__ __cook__ seven years ago.
그는 7년 전에 요리사가 아니었다.

③ He __was__ __not__ a dentist __seven__ __years__ __ago__.
그는 7년 전에 치과의사가 아니었다.

④ They were not dentists seven years ago.
그들은 7년 전에 치과의사가 아니었다.

⑤ They __were__ dentists last year.
그들은 작년에 치과의사였다.

⑥ Susie __was__ a dentist __last__ __year__.
수지는 작년에 치과의사였다.

⑦ Susie __was__ a reporter __last__ __year__.
수지는 작년에 기자였다.

⑧ __Was__ Susie __a__ __reporter__ last year?
수지는 작년에 기자였니?

⑨ __Were__ Susie and Fred reporters last year?
수지와 프레드는 작년에 기자였니?

⑩ __Were__ Susie and Fred librarians?
수지와 프레드는 사서였니?

73

⑪ __Was__ Fred __a librarian?
프레드는 사서였니?

⑫ Fred was a librarian.
프레드는 사서였다.

⑬ John and Fred __were__ librarians.
존과 프레드는 사서였다.

⑭ John and Fred __were__ __not__ __librarians__ .
존과 프레드는 사서가 아니었다.

⑮ __John__ __and__ Fred __were__ __not__ announcers.
존과 프레드는 아나운서가 아니었다.

⑯ __John__ __was__ __not__ an announcer several years ago.
존은 몇 년 전에 아나운서가 아니었다.

⑰ __John__ __was__ an announcer __several__ __years__ __ago__ .
존은 몇 년 전에 아나운서였다.

⑱ Was John an announcer several years ago?
존은 몇 년 전에 아나운서였니?

읽어두면 좋아요

필수 단어 cook 요리사 dentist 치과의사 reporter 기자 librarian (도서관의) 사서 announcer 아나운서
several 몇몇의(a few의 many의 중간 정도)

74

03 문장이 써지면 이 문법은 OK!

① 너는 어제 피곤했니? 응, 그랬어.
Were you tired yesterday? — Yes, I was .

② 그는 어제 피곤했니? 응, 그랬어.
Was he tired yesterday? — Yes, he was.

③ 그는 1시간 전에 피곤했니? 아니, 안 그랬어.
Was he tired an hour ago? — No, he wasn't.

> an hour ago: 1시간 전에(hour는 모음소리로 시작하기 때문에 a가 아닌 an이 앞에 와요)

④ 그는 1시간 전에 졸렸어.
He was sleepy an hour ago.

⑤ 그는 1시간 전에 졸리지 않았어.
He was not[wasn't] sleepy an hour ago.

⑥ 그는 1시간 전에 걱정하지 않았어. (도전! 문장 쓰기)
He was not worried an hour ago.

⑦ 우리는 1시간 전에 걱정하지 않았어.
We were not worried an hour ago.

⑧ 그들은 나에 대해 걱정하지 않았어.
They were not worried about me.

⑨ 그들은 나에 대해 걱정했어.
They were worried about me.

⑩ 그들이 나에 대해 걱정했니? 응, 그랬어. (도전! 문장 쓰기)
Were they worried about me? — Yes, they were .

75

⑪ 그녀가 나에 대해 걱정했니? 응, 그랬어.
Was she worried about me? — Yes, she was .

⑫ 그녀가 나를 두려워했니? 아니, 안 그랬어.
Was she afraid of me? — No, she wasn't.

⑬ 그들이 나를 두려워했니? 아니, 안 그랬어.
Were they afraid of me? — No, they weren't.

⑭ 너는 나를 두려워했니? 아니, 안 그랬어.
Were you afraid of me? — No, I wasn't.

⑮ 너는 그 개를 두려워했니? 응, 그랬어.
Were you afraid of the dog? — Yes, I was.

⑯ 너는 그 개를 두려워했어.
You were afraid of the dog.

⑰ 너는 그 개에 대해 걱정했어.
You were worried about the dog.

⑱ 그녀는 그 개에 대해 걱정했어. (도전! 문장 쓰기)
She was worried about the dog.

알아두면 좋아요

필수 단어 be tired 피곤하다 sleepy 졸린 be worried about ~에 대해 걱정하다 be afraid of ~을 두려워하다

76

14 | I played games.

일반동사의 과거형은 주로 동사 뒤에 '-ed'를 붙여 써요.

01 비교하며 문장 읽기!

❶ I __wanted__ some apples. (want)
나는 / 원했다 / 약간의 사과를.

❷ We __played__ soccer. (play)
우리는 / (운동)했다 / 축구를.

❸ She __liked__ her pet. (like)
그녀는 / 좋아했다 / 그녀의 애완동물을.

❹ I __dropped__ my book. (drop)
나는 / 떨어뜨렸다 / 내 책을.

❺ They __studied__ science. (study)
그들은 / 공부했다 / 과학을.

❻ You __loved__ him. (love)
너는 / 사랑했다 / 그를.

❼ They __planned__ a vacation. (plan)
그들은 / 계획했다 / 휴가를.

❽ The little girl __cried__. (cry)
그 어린 여자아이는 / 울었다.

❾ He __watched__ TV. (watch)
그는 / 시청했다 / 텔레비전을.

❿ He __looked__ at me. (look)
그는 / 바라봤다 / 나를.

Word Check

d r o p 떨어뜨리다

s t u d y 공부하다

c r y 울다

l o o k 보다

02 쓰며 문장 완성하기!

❶ She __liked__ me.
그녀는 / 좋아했다 / 나를.

❷ She __liked__ them.
그녀는 / 좋아했다 / 그들을.

❸ She __looked__ at them.
그녀는 / 바라봤다 / 그들을.
└ look at: ~을 보다

❹ I __looked__ at them.
나는 / 바라봤다 / 그들을.

❺ I __studied__ them.
나는 / 공부했다 / 그것들을.

❻ I __studied__ history.
나는 / 공부했다 / 역사를.

❼ He __studied__ history.
그는 / 공부했다 / 역사를.

❽ He dropped his history book.
그는 / 떨어뜨렸다 / 그의 역사책을.

❾ You __dropped__ your book.
너는 / 떨어뜨렸다 / 네 책을.

➓ She __dropped__ her book.
그녀는 / 떨어뜨렸다 / 그녀의 책을.
└ 과거형 동사 형태는 주어의 수나 인칭에 상관없이 항상 똑같아!

문제로 문법 정리

다음 동사의 과거형을 쓰세요.

1. love → __loved__
2. play → __played__
3. watch → __watched__
4. drop → __dropped__

79

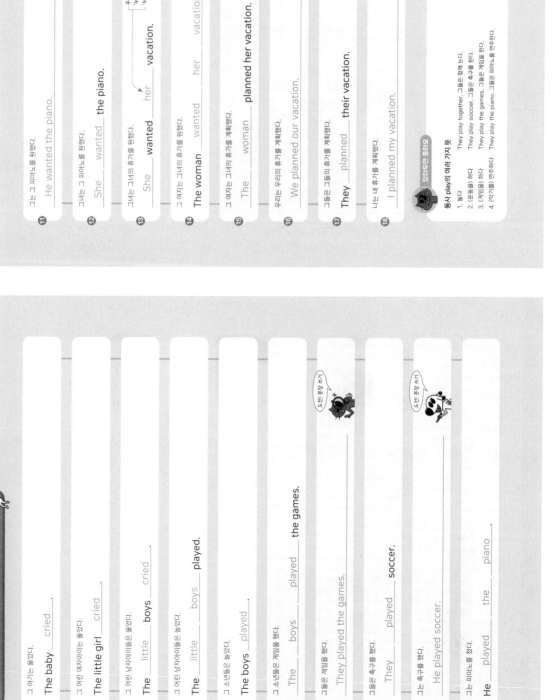

03 문장이 써지면 이 영문법은 OK!

1. 그 아기는 울었다.
The baby ___ cried ___.

2. 그 어린 여자아이는 울었다.
The little girl ___ cried ___.

3. 그 어린 남자아이들은 울었다.
The ___ little ___ boys ___ cried ___.

4. 그 어린 남자아이들은 놀았다.
The ___ little ___ boys ___ played.

5. 그 소년들은 놀았다.
The boys ___ played ___.

6. 그 소년들은 게임을 했다.
The ___ boys ___ played ___ the games.

7. 그들은 게임을 했다. _도전! 문장 쓰기_
They played the games.

8. 그들은 축구를 했다. _도전! 문장 쓰기_
They ___ played ___ soccer.

9. 그들은 축구를 했다.
They played soccer.

10. 그는 피아노를 쳤다.
He ___ played ___ the ___ piano ___.

11. 그는 그 피아노를 원했다. _도전! 문장 쓰기_
He wanted the piano.

12. 그녀는 그 피아노를 원했다.
She ___ wanted ___ the piano.

13. 그녀는 그녀의 휴가를 원했다.
She ___ wanted ___ her ___ vacation.

> 우리말에서는 휴가를 갖는 사람이 누구인지 분명한 상황이면 누구의 휴가인지 굳이 말하지 않지만, 영어에서는 소유격을 써서 누구의 휴가인지 정확하게 밝혀 줄 때가 많아!

14. 그 여자는 그녀의 휴가를 원했다.
The woman ___ wanted ___ her ___ vacation.

15. 그 여자는 그녀의 휴가를 계획했다.
The ___ woman ___ planned her vacation.

16. 우리는 우리의 휴가를 계획했다. _도전! 문장 쓰기_
We planned our vacation.

17. 그들은 그들의 휴가를 계획했다. _도전! 문장 쓰기_
They ___ planned ___ their vacation.

18. 나는 내 휴가를 계획했다.
I planned my vacation.

알아두면 좋아요

동사 play의 여러 가지 뜻

1. 놀다　　　　　They play together. 그들은 함께 논다.
2. (운동을) 하다　They play soccer. 그들은 축구를 한다.
3. (게임을) 하다　They play the games. 그들은 게임을 한다.
4. (악기를) 연주하다　They play the piano. 그들은 피아노를 연주한다.

01 교과서 하면 이 단어다!

① She **met** Fred on Friday. (meet)
그녀는 / 만났다　프레드를 / 금요일에

② I **saw** him in the library. (see)
나는 / 봤다　그를 / 도서관에서

③ He **went** to school. (go)
그는 / 갔다　학교에

④ Jane **did** her homework. (do)
제인은 / 했다　그녀의 숙제를

⑤ I **read** a book yesterday. (read)
나는 / 읽었다　책을 / 어제

⑥ They **came** home at five o'clock. (come)
그들은 / 왔다　집에 / 5시에

read의 발음 주의!
현재형: [riːd]-[리드]
과거형: [red]-[레드]

⑦ Mr. Brown **taught** science. (teach)
브라운 씨는 / 가르쳤다　과학을

⑧ They **cut** the trees. (cut)
그들은 / 잘랐다　나무를

⑨ We **had** breakfast at seven o'clock. (have)
우리는 / 먹었다　아침을 / 7시에

⑩ I **swam** last Sunday. (swim)
나는 / 수영했다　지난 일요일에

Word Check

t e a c h

c u t

b r e a k f a s t

83

---

02 교과서 이 문법 보인다!

① She **went** to the post office.
그녀는 / 갔다　우체국에

② She **went** to the park.
그녀는 / 갔다　공원에

③ She **rode** a bike in the **park** .
그녀는 / 자전거를 탔다　공원에서

④ She **rode** a **bike** around the park.
그녀는 / 자전거를 탔다　공원 주변에서

⑤ I **rode** a **bike** around the **pond**.
나는 / 자전거를 탔다　연못 주변에서

⑥ I **took a walk** **around** **the** **pond**.
나는 / 산책했다　연못 주변에서

⑦ We **took** a **walk** around the pond.
우리는 / 산책했다　연못 주변에서

⑧ We **took** a walk **along** the lake.
우리는 / 산책했다　호수를 따라

⑨ We **ran** along the lake.
우리는 / 달렸다　호수를 따라

⑩ They **ran** **along** **the** **lake** .
그들은 / 달렸다　호수를 따라

문제로 문법 정리

다음 동사의 과거형을 찾아 선으로 연결하세요.

see ——— took
go ——— taught
take ——— went
teach ——— saw

84

03 문장이 써지면 이 영문법은 OK!

1. 그들은 아침을 먹었다.
   They ate _breakfast_ .

2. 우리는 아침을 먹었다.
   We _ate_ breakfast.

3. 우리는 샌드위치를 먹었다.
   We _ate_ sandwiches.

4. 그들은 샌드위치를 먹었다.
   They _had_ sandwiches.
   (have는 '먹다'라는 뜻으로 쓰기도 해. eat 대신 쓸 수 있어.)

5. 그녀는 샌드위치를 먹었다.
   She had sandwiches. (도전 문장 쓰기)

6. 그녀는 케이크를 먹었다.
   She _had_ **a cake.**

7. 그녀는 케이크를 만들었다.
   She made a cake. (도전 문장 쓰기)

8. 그녀가 우리를 위해 케이크를 만들었다.
   She _made_ a _cake_ for us.

9. 그녀가 우리를 위해 피자를 만들었다.
   She _made_ a pizza for _us_ .

10. 엄마가 우리를 위해 피자를 만들었다.
    Mom made a pizza for us. (도전 문장 쓰기)

85

11. 엄마가 우리에게 피자를 주었다.
    Mom gave a _pizza_ **to us.**

12. 엄마가 내게 피자를 주었다.
    Mom gave _a_ pizza to me.

13. 엄마가 내게 티셔츠를 보냈다.
    Mom sent a T-shirt _to_ _me_ .

14. 아빠가 내게 티셔츠를 보냈다.
    Dad sent a T-shirt to me. (도전 문장 쓰기)

15. 아빠가 내게 티셔츠를 사 주었다.
    Dad bought _a_ **T-shirt** _for_ **me.**

16. 그가 내게 티셔츠를 사 주었다.
    _He_ bought _a T-shirt_ _for_ _me_ .

17. 그가 내게 햄버거를 사 주었다.
    _He_ bought _a hamburger_ _for_ _me_ .

18. 그가 그녀에게 햄버거를 사 주었다.
    He bought a hamburger for her. (도전 문장 쓰기)

필수 단어 eat 먹다(eat-ate) have 먹다; 가지다(have-had) sandwich 샌드위치 make 만들다(make-made) give 주다(give-gave) send 보내다(send-sent) T-shirt 티셔츠 buy 사다(buy-bought) hamburger 햄버거

16 | I got up at 7:00.

01 비교하면 답이 보인다!

*빈칸에 알맞은 전치사를 쓰세요

① I had breakfast _at_ 8:00.
나는 / 아침을 먹었다 / 8시에.

② I had lunch _at_ noon.
나는 / 점심을 먹었다 / 정오에.

③ We watched TV _at_ night.
우리는 / 텔레비전을 봤다 / 밤에.

④ She went hiking _on_ Friday.
그녀는 / 하이킹하러 갔다 / 금요일에.

⑤ She went hiking _on_ May 1st.
그녀는 / 하이킹하러 갔다 / 5월 1일에.

⑥ They had a party _on_ Christmas Day.
그들은 / 파티를 열었다 / 성탄절에.

⑦ They had a party _on_ Thanksgiving Day.
그들은 / 파티를 열었다 / 추수감사절에.

⑧ He was born _in_ March.
그는 / 태어났다 / 3월에.

⑨ He was born _in_ spring.
그는 / 태어났다 / 봄에.

⑩ She was a doctor _in_ 2000.
그녀는 / 의사였다 / 2000년에.

⑪ We watched TV _in_ the afternoon.
우리는 / 텔레비전을 봤다 / 오후에.

⑫ He was a lawyer _in_ the past.
그는 / 변호사였다 / 과거에.

Word Check

n i g h t

p a r t y

s p r i n g

---

02 쓰다 보면 문법이 보인다!

┌─ get up: (잠자리에서) 일어나다, 기상하다

① I got up _at_ 6:30.
나는 / 일어났다 / 6시 30분에.

② He got up _at_ 7:00.
그는 / 일어났다 / 7시에.

③ He took a shower _at_ 7:30.
그는 / 샤워했다 / 7시 30분에.

④ She took a shower at 7:30.
그녀는 / 샤워했다 / 7시 30분에.

⑤ She had breakfast _at_ 8:00.
그녀는 / 아침을 먹었다 / 8시에.

⑥ We had breakfast _at_ 8:00.
우리는 / 아침을 먹었다 / 8시에.

⑦ We cleaned our room _in_ _the_ morning.
우리는 / 우리 방을 청소했다 / 오전에.

⑧ He cleaned his room in the morning.
그는 / 그의 방을 청소했다 / 오전에.

⑨ He cleaned his room _at_ noon.
그는 / 그의 방을 청소했다 / 정오에.

⑩ He ate lunch _at_ noon.
그는 / 점심을 먹었다 / 정오에.

문제로 문법 정리

괄호 안에 공통으로 들어갈 알맞은 전치사를 빈칸에 쓰세요.

1. ( ) night   ( ) dawn
   at

2. ( ) Tuesday   ( ) April 10
   on

3. ( ) 2030   ( ) the evening
   in

03 문장이 써지면 이 영문법은 OK!

1. 그는 오후에 집에 있었다.
He was at home in the afternoon.

2. 그녀는 오후에 집에 있었다.
She was at home in the afternoon.

3. 그녀는 저녁에 집에 있었다.
She was at home in the evening.

도전! 문장 쓰기

4. 그녀는 저녁에 태어났다.
She was born in the evening.

5. 나는 저녁에 태어났다.
I was born in the evening.

6. 나는 자정에 태어났다.
I was born at midnight.

7. 쌍둥이는 자정에 태어났다.
The twins were born at midnight.

8. 쌍둥이는 월요일에 태어났다.
The twins were born on Monday.

9. 그들은 월요일에 태어났다.
They were born on Monday.

도전! 문장 쓰기

10. 그들은 여름에 태어났다.
They were born in summer.

11. 그들은 여름에 그를 만났다.
They met him in summer.

12. 그들은 7월 20일에 그를 만났다.
They met him on July 20th.

13. 그녀는 2022년 7월 20일에 그를 만났다.
She met him on July 20th, 2022.

날짜는 주로 서수로 말하고, 서수가 차례 첫째, 둘째, 셋째와 같이 사람이나 순서를 나타내는 수를 말한다

14. 그녀는 2022년 3월 3일에 그를 만났다.
She met him on March 3rd, 2022.

도전! 문장 쓰기

15. 그녀는 3월 3일에 그를 방문했다.
She visited him on March 3rd.

16. 그녀는 2022년에 그를 방문했다.
She visited him in 2022.

17. 그녀는 2022년에 그 박물관을 방문했다.
She visited the museum in 2022.

18. 그녀는 5월에 그 박물관을 방문했다.
She visited the museum in May.

도전! 문장 쓰기

알아두면 좋아요

필수 단어 in the afternoon 오후에 at home 집에 in the evening 저녁에 be born 태어나다 meet 만나다(meet-met)
visit 방문하다 museum 박물관
서수 1st=first 2nd=second 3rd=third 4th=fourth 5th=fifth 10th=tenth 20th=twentieth

01 비교하며 문장이 쌓인다!

쓰면서 조동사를 놓치지 마세요! <don't/didn't>

1. 나는 / 읽었다 / 그 책을. (읽다: read)
I ___ read ___ the book.
나는 / 읽지 않았다
I didn't read the book.

2. 그는 / 가르쳤다 / 영어를. (가르치다: teach)
He taught English.
그는 / 가르치지 않았다
He ___ didn't ___ teach ___ English.

3. 그들은 / 마셨다 / 주스를. (마시다: drink)
They drank juice.
그들은 / 마시지 않았다
They ___ didn't ___ drink ___ juice.

4. 우리는 / 만났다 / 레스토랑에서. (만나다: meet)
We met in the restaurant.
우리는 / 만나지 않았다
We ___ didn't ___ meet ___ in the restaurant.

5. 프레드와 제인은 / 공부했다 / 수학을 / 함께. (공부하다: study)
Fred and Jane studied math together.
프레드와 제인은 / 공부하지 않았다
Fred and Jane ___ didn't ___ study ___ math together.

6. 그녀는 / 썼다 / 그 소설을. (쓰다: write)
She wrote the novel.
그녀는 / 쓰지 않았다
She ___ didn't ___ write ___ the novel.

Word Check

 m a t h

 n o v e l

---

02 빈칸만 채우면 좋아진다!

알아두면 좋아요
동사 변화에 주의해야 할 불규칙동사 (1)
사다 buy — bought
먹다 eat — ate
가져오다 bring — brought
마시다 drink — drank

1. He ___ did ___ not ___ buy water.
그는 / 사지 않았다 / 물을.

2. She ___ did ___ not ___ buy ___ water.
그녀는 / 사지 않았다 / 물을.

3. She ___ did ___ not ___ buy vegetables.
그녀는 / 사지 않았다 / 채소들을.

4. She ___ did ___ not ___ eat ___ vegetables.
그녀는 / 먹지 않았다 / 채소들을.

5. They ___ did ___ not ___ eat ___ vegetables.
그들은 / 먹지 않았다 / 채소들을.

6. They ___ did ___ not ___ eat ___ meat.
그들은 / 먹지 않았다 / 고기를.

7. They ___ did ___ not ___ cook meat.
그들은 / 요리하지 않았다 / 고기를.

8. You ___ did ___ not ___ cook ___ meat.
너는 / 요리하지 않았다 / 고기를.

9. You ___ did ___ not ___ bring meat.
너는 / 가져오지 않았다 / 고기를.

10. You ___ did ___ not ___ bring ___ juice.
너는 / 가져오지 않았다 / 주스를.

문제로 문법 정리
괄호 안의 표현 중 알맞은 것을 고르세요.
1. I did not (drink / drank) water.
2. They (weren't / didn't) teach English.

03 문장이 써지면 이 영문법은 OK!

〈did+not〉은 줄임말로 쓰세요.

1 제인은 오전에 도서관에 가지 않았어.
Jane __didn't__ __go__ to the library in the morning.

2 프레드는 오전에 도서관에 가지 않았어.
Fred __didn't__ __go__ __to__ the library __in__ the morning.

3 프레드는 오전에 공부하지 않았어.
Fred __didn't__ __study__ in the __morning__ .

4 프레드는 오후에 공부하지 않았어.
Fred __didn't__ __study__ in the afternoon.

5 프레드는 오후에 놀지 않았어.
Fred __didn't__ __play__ __in__ the afternoon.

6 프레드는 오후에 축구를 하지 않았어.
Fred __didn't__ __play__ soccer in the __afternoon__ .

7 프레드는 저녁에 게임을 하지 않았어.
Fred __didn't__ __play__ __a game__ __in__ the evening.

8 우리는 저녁에 게임을 하지 않았어.
We didn't play a game in the evening.

9 우리는 저녁에 경기를 보지 않았어.
We __didn't__ __watch__ a game __in__ the evening.

10 우리는 지난주 일요일에 경기를 보지 않았어.
We __didn't__ __watch__ a game last Sunday.

도전! 문장 쓰기

95

---

11 우리는 지난주 일요일에 경기를 갖지 않았어.
We __didn't__ __have a game__ __last__ Sunday.

12 우리는 일요일에 경기를 받이지 않았어.
We __didn't__ __have__ __a__ __game__ on Sunday.

13 우리는 일요일에 치킨을 먹지 않았어.
We __didn't__ __have chicken on__ Sunday __.__

14 그녀는 일요일에 치킨을 먹지 않았어.
She didn't have chicken on Sunday.

도전! 문장 쓰기

15 그녀는 일요일에 파티를 열지 않았어.
She __didn't__ __have a party__ __on__ Sunday.

16 그녀는 5시에 파티를 열지 않았어.
She __didn't__ __have__ __a__ __party__ at five o'clock.

17 그녀는 5시에 숙제를 하지 않았어.
She __didn't__ __do her homework__ __at__ five o'clock.

18 그들은 그들의 숙제를 하지 않았어.
They didn't do their homework.

도전! 문장 쓰기

알아두면 득이요

동사 변화에 주의해야 할 불규칙동사 (2)

오다 come—came	가다 go—went	가지다 have—had	하다 do—did	가지고 가다 take—took
만들다 make—made	만나다 meet—met	얻다 get—got	달리다 run—ran	기른치다 teach—taught
읽다 read—read	자르다 cut—cut	놓다 put—put	타다 ride—rode	보다 see—saw

96

02 쓰다 보면 문법이 쑥쑥!

① There were cookies __on__ the plate.
   쿠키들이 / 접시 위에
   있었다

② There ___ cookies __on__ the table.
   쿠키들이 / 테이블 위에
   있었다

③ There was a flower __on__ the floor.
   꽃 한 송이가 / 바닥에
   있었다

④ There ___ a ___ flower ___ the floor.
   꽃 한 송이가 / 바닥에
   있었다

⑤ There was a watch __on__ the wall.
   시계 하나가 / 벽에
   있었다

⑥ There ___ a clock __on__ the wall.
   시계 하나가 / 벽에
   있었다

⑦ There were pictures __on__ the wall.
   사진들이 / 벽에
   있었다

⑧ There were pictures __in__ my folder.
   사진들이 / 내 폴더 안에
   있었다

⑨ There ___ pictures __in__ my room.
   사진들이 / 내 방 안에
   있었다

⑩ There ___ a bed __in__ my room.
   침대 하나가 / 내 방 안에
   있었다

문제로 문법 정리

다음 빈칸에 알맞은 전치사를 <보기>에서
골라 쓰세요.

보기: at   on   in

1. A clock is __on__ the wall.
2. I have a bottle __in__ my bag.
3. She met him __at__ the bus
   stop.

99

---

18 | He was in London.

01 비교하며 문법이 쑥쑥!

*빈칸에 알맞은 전치사를 쓰세요.

① There was a box __at__ the door.
   상자 하나가 / 문에
   있었다

② There was a box __in__ the room.
   상자 하나가 / 방 안에
   있었다

③ There were flowers __on__ the table.
   꽃들이 / 테이블 위에
   있었다

④ There were flowers __in__ the living room.
   꽃들이 / 거실 안에
   있었다
   사실 in the living room은 우리말로 대개 '거실 안에'라고 말하기보다는 대개 '거실에'라고 해.

⑤ We had lunch __at__ the restaurant.
   우리는 / 점심을 먹었다 / 그 레스토랑에서

⑥ We had lunch __in__ the restaurant.
   우리는 / 점심을 먹었다 / 그 레스토랑 안에서
   at the restaurant   vs.   in the restaurant
   [다른 곳도 아닌] 레스토랑에서 / 레스토랑 안에서

⑦ They lived __in__ Seoul.
   그들은 / 살았다 / 서울에서

⑧ They lived __in__ Korea.
   그들은 / 살았다 / 한국에서

⑨ The hotel is __in__ Chicago.
   그 호텔은 / 있다 / 시카고에

⑩ The hotel is __on__ Elm Street.
   그 호텔은 / 있다 / 엘름 가에

⑪ We met __in__ the cafe.
   우리는 / 만났다 / 카페 안에서

⑫ We met __at__ the bus stop.
   우리는 / 만났다 / 버스 정류장에서

Word Check

f l o w e r   꽃

c a f e   카페

b u s   s t o p   버스 정류장

98

03 문장이 써지면 이 영문법은 OK!

① 그녀는 버스 정류장에서 버스를 기다렸다.
She waited for the bus at the ___ bus ___ stop ___.

② 그녀는 버스 정류장에서 그를 기다렸다.
She ___ waited ___ for ___ him ___ at ___ the ___ bus ___ stop ___.   도전! 문장 쓰기

③ 그녀는 버스 정류장에서 그녀의 친구를 기다렸다.
___ She waited for her friend at the bus stop. ___

④ 그녀는 입구에서 그녀의 친구를 기다렸다.
She ___ waited ___ for ___ her friend at the ___ gate ___.

⑤ 그녀는 입구에서 그녀의 친구를 만났다.
She met her friend ___ at ___ the ___ gate ___.

⑥ 그녀는 공항에서 그녀의 친구를 만났다.
She ___ met ___ her ___ friend ___ at ___ the airport.   도전! 문장 쓰기

⑦ 그는 공항에서 그의 친구를 만났다.
___ He met his friend at the airport. ___

⑧ 그는 호텔 로비에서 그의 친구를 만났다.
He ___ met ___ his ___ friend ___ at ___ the ___ hotel ___ lobby ___.

⑨ 그는 호텔 로비에서 그들을 만났다.
He met them ___ in ___ the ___ hotel ___ lobby ___.

⑩ 그는 호텔 로비 안에서 그들을 만났다.
He ___ met ___ them ___ in the hotel lobby.

⑪ 나는 호텔 로비 안에서 그들을 만났다.
___ I met them in the hotel lobby. ___   도전! 문장 쓰기

⑫ 나는 호텔 레스토랑 안에서 그들을 만났다.
I ___ met ___ them ___ in ___ the ___ hotel ___ restaurant.

⑬ 나는 레스토랑 안에서 저녁을 먹었다.
I had dinner ___ in ___ the ___ restaurant ___.

⑭ 나는 정원에서 저녁을 먹었다.
I ___ had ___ dinner ___ in the garden.

⑮ 나는 정원에서 아침을 먹었다.
I ___ had ___ breakfast ___ in ___ the ___ garden ___.

⑯ 우리는 정원에서 아침을 먹었다.
___ We had breakfast in the garden. ___   도전! 문장 쓰기

⑰ 우리는 시카고에서 아침을 먹었다.
We ___ had ___ breakfast ___ in Chicago.

⑱ 그들은 시카고에서 아침을 먹었다.
___ They had breakfast in Chicago. ___   도전! 문장 쓰기

알아두면 좋아요
필수 단어 wait for ~을 기다리다 bus stop 버스 정류장 meet 만나다(meet-met) airport 공항 hotel lobby 호텔 로비 restaurant 레스토랑, 식당 dinner 저녁 garden 정원 breakfast 아침 (식사)

19 | Did you get up at 7:00?

01 비교하면 답이 보인다!

1. 내가 / 말했다 / 네게 / 그것에 관해 (말하다: tell)
I told you about it.
Did ___ I ___ tell ___ you about it?
—했니 / 내가 / 네게 / 그것에 관해?

2. 너는 / 도착했다 / 정시에 (도착하다: arrive)
You arrived on time.
Did ___ you ___ arrive ___ on time?
—했니 / 너는 / 도착하다 / 정시에?

3. 그는 / 떠났다 / 1시간 전에 (떠나다: leave)
He left an hour ago.
Did ___ he ___ leave ___ an hour ago?
—했니 / 그는 / 떠나다 / 1시간 전에?

4. 그녀가 / 그렸다 / 그 그림을 (그리다: paint)
She painted the picture.
Did ___ she ___ paint ___ the picture?
—했니 / 그녀가 / 그리다 / 그 그림을?

5. 그들은 / 갔다 / 그 해변에, (가다: go)
They went to the beach.
Did ___ they ___ go ___ to the beach?
—했니 / 그들은 / 가다 / 그 해변에?

6. 그 개는 / 앉아 있었다 / 소파에, (앉다: sit)
The dog sat on the couch.
Did ___ the dog ___ sit ___ on the couch?
—했니 / 그 개는 / 앉다 / 소파에?

Word Check

말하다
 t e l l

떠나다
 l e a v e

그리다
 p a i n t

소파
 c o u c h

02 쓰다 보면 문법이 보인다!

1. Did ___ she hear the news?
—했니 / 그녀는 / 듣다 / 그 소식을?

2. Did ___ she ___ hear ___ the news ___ on TV?
—했니 / 그녀는 / 듣다 / 그 소식을 / 텔레비전으로?

3. Did you ___ hear ___ the ___ news ___ on TV?
—했니 / 너는 / 듣다 / 그 / 소식을 / 텔레비전으로?

4. Did ___ you ___ see the news on TV?
—했니 / 너는 / 보다 / 그 소식을 / 텔레비전으로?

5. Did you ___ see ___ the ___ news ___ today?
—했니 / 너는 / 보다 / 그 / 소식을 / 오늘?

6. Did ___ you ___ read ___ the news today?
—했니 / 너는 / 읽다 / 그 소식을 / 오늘?

7. Did ___ you ___ read ___ the novel?
—했니 / 너는 / 읽다 / 그 소설을?

8. Did ___ you write the novel?
—했니 / 네가 / 쓰다 / 그 소설을?

9. Did ___ he ___ write ___ the novel?
—했니 / 그가 / 쓰다 / 그 소설을?

10. Did ___ she ___ write ___ the book?
—했니 / 그녀가 / 쓰다 / 그 책을?

문제로 문법 정리

괄호 안의 단어 중 알맞은 것을 고르세요.
1. (Were / **Did**) they watch TV?
2. Did the bus (**arrive** / arrived) on time?

105쪽

문장이 써지면 이 영문법은 OK!

1. 그는 어제 도착했니? 아니, 안 했어.
   Did he arrive yesterday? — No, he didn't .

2. 너는 어제 도착했니? 아니, 안 했어.
   Did you arrive yesterday? — No , I didn't.

3. 너는 공항에 도착했니? 응, 도착했어.
   Did you arrive at the airport? — Yes, I did .

4. 그녀는 공항에 도착했니? 아니, 안 했어.
   Did she arrive at the airport? — No, she didn't.

5. 그녀는 호텔에 머물렀니? 응, 그랬어.
   Did she stay at the hotel ? — Yes, she did .

6. 너는 호텔에 머물렀니? 아니, 안 그랬어.
   Did you stay at the hotel? — No, I didn't.

7. 그들은 호텔에 머물렀니? 응, 그랬어.
   Did they stay at the hotel? — Yes, they did .

8. 그들은 호텔에서 일했니? 아니, 안 했어.
   Did they work at the hotel? — No , they didn't.

9. 그들은 우체국에서 일했니? 응, 그랬어.
   Did they work in the post office? — Yes, they did.

105

106쪽

10. 그는 우체국에서 일했니? 아니, 안 했어.
    Did he work in the post office ? — No, he didn't.

11. 그는 레스토랑에서 일했니? 응, 그랬어.
    Did he work in the restaurant? — Yes, he did .

12. 그는 레스토랑에서 점심을 먹었니? 응, 그랬어.
    Did he have lunch in the restaurant ? — Yes, he did .

13. 너는 레스토랑에서 점심을 먹었니? 응, 그랬어.
    Did you have lunch at the restaurant? — Yes, I did .

14. 그녀는 레스토랑에서 점심을 먹었니? 아니, 안 그랬어.
    Did she have lunch at[in] the restaurant? — No, she didn't .

15. 그녀는 공원에서 점심 먹었니? 응, 그랬어.
    Did she have lunch at the park? — Yes, she did.

16. 그녀는 공원에서 자전거를 탔니? 아니, 안 그랬어.
    Did she ride a bike at[in] the park ? — No, she didn't .

17. 너는 공원에서 자전거를 탔니? 아니, 안 그랬어.
    Did you ride a bike at[in] the park? — No , I didn't.

이 경우에도 at[in] 모두 가능

18. 너는 호수를 따라 자전거를 탔니? 응, 그랬어.
    Did you ride a bike along the lake? — Yes, I did

106

20 | 일반동사의 과거 시제·전치사 at/on/in 총정리

01 비교하면 답이 보인다!

Word Check

g a t e

c r u i s e
s h i p

1 수지는 / 키웠다 / 애완동물을 / 작년에.
[keep a pet : 애완동물을 키우다]
Susie kept a pet last year.
수지는 / 키웠다 / 애완동물을 / 작년에.

수지는 / 키웠다 / 애완동물을 / 작년에.
Susie didn't __keep__ a pet last year.
수지는 / 키우지 않았다 / 애완동물을 / 작년에.

2 나는 / 잤다 / 침대에서.
I slept on the bed.
나는 / 잤다 / 침대에서.

나는 / 잤다 / 침대에서.
I didn't __sleep__ __on__ the bed.
나는 / 자지 않았다 / 침대에서.

3 그들은 / 만났다 / 정문에서 / 정오에.
They met at the gate at noon.
그들은 / 만났다 / 정문에서 / 정오에.

그들은 / 만났다 / 정문에서 / 정오에.
They didn't __meet__ __at__ the gate __at__ noon.
그들은 / 만나지 않았다 / 정문에서 / 정오에.

4 너는 / 산책했다 / 공원에서.
You took a walk in the park.
너는 / 산책했다 / 공원에서.

~했니 / 너는 / 산책하다 / 공원에서.
Did __you__ __take__ a walk __in__ the park?
~했니 / 너는 / 산책하다 / 공원에서.

5 존은 / 배웠다 / 스페인어를 / 5월에.
John learned Spanish in May.
존은 / 배웠다 / 스페인어를 / 5월에.

~했니 / 존은 / 배우다 / 스페인어를 / 5월에.
Did __John__ __learn__ Spanish __in__ May?
~했니 / 존은 / 배우다 / 스페인어를 / 5월에.

6 유람선은 / 떠났다 / 오전에.
The cruise ship left in the morning.
유람선은 / 떠났다 / 오전에.

~했니 / 유람선은 / 떠나다 / 오전에.
Did __the cruise ship__ __leave__ __in__ the morning?
~했니 / 유람선은 / 떠나다 / 오전에.

02 쓰다 보면 문법이 보인다!

1 He __cut__ the paper.
그는 종이를 잘랐다.

2 He __didn't__ __cut__ the paper.
그는 종이를 자르지 않았다.

3 He __didn't__ __cut__ the pineapple.
그는 파인애플을 자르지 않았다.

4 __He__ cut the pineapple.
그는 파인애플을 잘랐다.

5 __Did__ __he__ __cut__ the pineapple?
그는 파인애플을 잘랐니?

6 Did he __eat__ the pineapple ?
그는 파인애플을 먹었니?

7 He __ate__ the __pineapple__ at 7:00.
그는 7시에 파인애플을 먹었다.

8 I ate a pizza at 7:00.
나는 7시에 피자를 먹었다.

9 You ate a pizza __in__ the afternoon.
너는 오후에 피자를 먹었다.

10 __Did__ __you__ eat a pizza in the ___afternoon___ ?
너는 오후에 피자를 먹었니?

문제로 문법 정리

괄호 안의 표현 중 알맞은 것을 고르세요.

1. He (wasn't / (didn't)) cut the apple.

2. ((Did) / Were) you sleep (at / (on)) the bed?

3. We (live / (lived)) in Chicago (on / (in)) 2020.

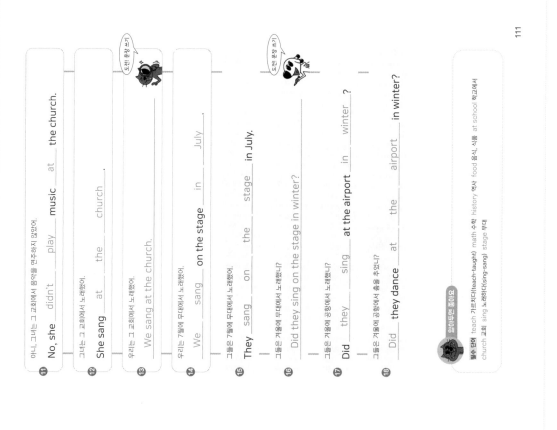

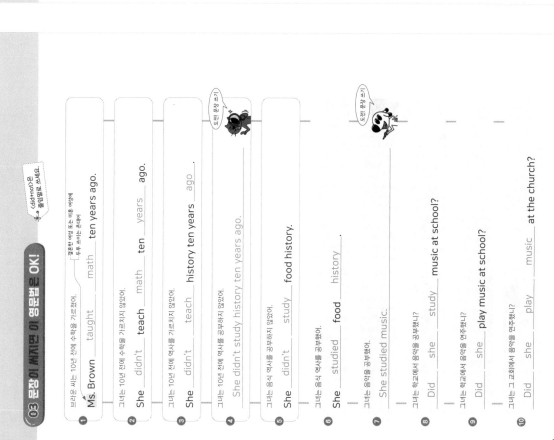

03 문장이 써지면 이 영문법은 OK!

<did+not>은 <didn't>로 줄임표현

점잖은 여성 또는 미혼 여성에 두루 쓰이는 존칭어

1. 브라운 씨는 10년 전에 수학을 가르쳤어.
   Ms. Brown taught math ten years ago.

2. 그녀는 10년 전에 수학을 가르치지 않았어.
   She didn't teach math ten years ago.

3. 그녀는 10년 전에 역사를 가르치지 않았어.
   She didn't teach history ten years ago.

4. 그녀는 10년 전에 역사를 공부하지 않았어.
   She didn't study history ten years ago.

5. 그녀는 음식 역사를 공부하지 않았어.
   She didn't study food history.

6. 그녀는 음식 역사를 공부했어.
   She studied food history.

7. 그녀는 음악을 공부했어.
   She studied music.

8. 그녀는 학교에서 음악을 공부했니?
   Did she study music at school?

9. 그녀는 학교에서 음악을 연주했니?
   Did she play music at school?

10. 그녀는 그 교회에서 음악을 연주했니?
    Did she play music at the church?

11. 아니, 그녀는 그 교회에서 음악을 연주하지 않았어.
    No, she didn't play music at the church.

12. 그녀는 그 교회에서 노래했어.
    She sang at the church.

13. 우리는 그 교회에서 노래했어.
    We sang at the church.

14. 우리는 7월에 무대에서 노래했어.
    We sang on the stage in July.

15. 그들은 7월에 무대에서 노래했어.
    They sang on the stage in July.

16. 그들은 겨울에 무대에서 노래했니?
    Did they sing on the stage in winter?

17. 그들은 겨울에 공항에서 노래했니?
    Did they sing at the airport in winter?

18. 그들은 겨울에 공항에서 춤을 추었니?
    Did they dance at the airport in winter?

필수 단어: teach 가르치다(teach-taught) math 수학 history 역사 food 음식, 식품 at school 학교에서 church 교회 sing 노래하다(sing-sang) stage 무대

도전! 문장 쓰기

21 | He was sleeping.

01 비교하면 문법이 보인다!

〈was/were + not〉으로 문장을 쓰세요.

1
그들은 / 치고 있다 / 배드민턴을 / 지금.
They are playing badminton now.
그들은 / 치고 있었다 / 배드민턴을 / 그때.
They ___were___ ___playing___ badminton then.

2
나는 / 듣고 있다 / 음악을 / 지금.
I am listening to music now.
나는 / 듣고 있었다 / 음악을 / 그때.
I ___was___ ___listening___ to music then.

3
그녀는 / 앉아 있다 / 소파에 / 지금.
She is sitting on the couch now.
그녀는 / 앉아 있었다 / 소파에 / 그때.
She ___was___ ___sitting___ on the couch then.

4
우리는 / 가고 있지 않았다 / 서점으로.
We ___weren't___ ___going___ to the bookstore.
우리는 / 가고 있었다 / 서점으로.
We were going to the bookstore.

5
그는 / 준비하고 있었다 / 시험에 대비해.
He ___was___ ___preparing___ for the exam.
그는 / 준비하고 있지 않았다 / 시험에 대비해.
He wasn't preparing for the exam.

6
(비인칭 주어) / 비가 오고 있었다.
It was raining.
(비인칭 주어) / 비가 오고 있지 않았다.
It ___wasn't___ ___raining___ .

> was, were는 과거진행 시제를 돕는 우리말 역할

Word Check

listen 듣다

l i s t e n

badminton 배드민턴

b a d m i n t o n

bookstore 서점

b o o k s t o r e

rain 비가 오다

r a i n

---

02 쓰다 보면 문법이 보인다!

〈was/were + not〉으로 문장을 쓰세요.

1 Mom ___was___ preparing ___food___ .
엄마는 / 준비하고 계셨어 / 음식을.

2 Mom ___wasn't___ preparing ___food___ .
엄마는 / 준비하고 계시지 않았어 / 음식을.

3 My sisters ___weren't___ preparing ___food___
내 누나들은 / 준비하고 있지 않았어 / 음식을.

4 My sisters ___were___ preparing for the exam.
내 누나들은 / 준비하고 있었어 / 시험에 대비해.

5 My sisters ___were___ studying ___for___ ___the___ exam.
내 누나들은 / 공부하고 있었어 / 시험에 대비해.

6 My brothers ___weren't___ studying for the exam.
내 형들은 / 공부하고 있지 않았어 / 시험에 대비해.

7 My brothers ___weren't___ taking the exam.
내 형들은 / 치르고 있지 않았어 / 시험을.

8 My brothers ___were___ taking ___the___ exam.
내 형들은 / 치르고 있었어 / 시험을.

9 I ___was___ taking ___the___ exam
나는 / 치르고 있었어 / 시험을.

10 I ___wasn't___ taking ___the___ exam.
나는 / 치르고 있지 않았어 / 시험을.

문제로 문법 정리

괄호 안의 표현 중 알맞은 것을 고르세요.

1. I (was)/ were) going to the bus stop.
2. They (wasn't /weren't) preparing for the exam.

03 문장이 써지면 이 영문법은 OK!

※ <was/were + not>은 줄임말로 쓰세요.

1. 우리 할머니, 할아버지는 씨앗들을 심고 계셨어.
My grandparents _were_ planting the seeds.

2. 우리 할머니, 할아버지는 씨앗들을 심고 계시지 않았어.
My grandparents _weren't_ planting _the_ seeds.

3. 할머니는 씨앗들을 심고 계시지 않았어.
Grandma _wasn't_ planting _the_ seeds _._

4. 할머니는 나무들을 심고 계시지 않았어.
Grandma _wasn't_ planting _the_ trees _._

5. 그들은 나무들을 심고 있지 않았어.
They _weren't_ planting _the_ trees _._

6. 그들은 나무들을 심고 있었어.
They were planting the trees.

7. 그들은 나무들을 베고 있었어.
They _were_ cutting down the trees.

8. 그들은 나무들을 베고 있지 않았어.
They _weren't_ cutting _down the trees.

9. 그들은 파인애플들을 자르고 있지 않았어.
They _weren't_ cutting the pineapples.

10. 내 삼촌은 파인애플들을 자르고 있지 않았어.
My uncle _wasn't_ cutting _the_ pineapples.

도전! 문장 쓰기

115

---

11. 내 삼촌은 파인애플들을 자르고 있었어.
My uncle was cutting the pineapples.

12. 내 삼촌은 사과들을 자르고 있었어.
My _ uncle _ was _ cutting _ the apples.

13. 내 숙모도 사과들을 자르고 있었어.
My aunt _ was _ cutting _ the _ apples _._

14. 내 숙모도 사과들을 자르고 있지 않았어.
My aunt wasn't cutting the apples.

15. 내 숙모도 사과들을 따고 있지 않았어.
My aunt _wasn't_ picking the apples.

16. 내 여자 조카는 사과들을 따고 있지 않았어.
My niece _wasn't_ picking _the_ apples _._

17. 내 여자 조카들은 복숭아들을 따고 있지 않았어.
My _ nieces _ weren't _ picking _ the peaches.

18. 내 남자 조카들은 복숭아들을 따고 있지 않았어.
My nephews _ weren't _ picking _ the peaches.

익히고 풀어요

필수 단어 grandparents 조부모 plant (식물을) 심다; 식물 seed 씨, 씨앗 tree 나무 cut down ~을 베어버리다 uncle 삼촌 aunt 숙모, 이모 pick 따다 niece (여자) 조카 nephew (아들) 조카

116

43

22 | Were you sleeping?

01 비교하면 답이 보인다!

1 그는 / 운전하고 있었다 / 차를.
He was driving a car.

Was ___ he ___ driving ___ a car? — No, he wasn't.
이었니 / 그는 / 운전하고 있는 / 차를? · 아니, 안 그랬어.

2 그들은 / 보고 있었다 / 텔레비전을.
They were watching TV.

Were ___ they ___ watching ___ TV? — No, they weren't.
이었니 / 그들은 / 보고 있는 / 그를? · 아니, 안 그랬어.

3 (비인칭 주어) / 비가 오고 있었다.
It was raining.

Was ___ it ___ raining ___? — Yes, it was.
이었니 / (비인칭 주어) / 비가 오고 있는? · 응, 그랬어.

4 우리는 / 굽고 있었다 / 쿠키를.
We were baking cookies.

Were ___ you ___ baking ___ cookies? — Yes, we were.
이었니 / 너희들은 / 굽고 있는 / 쿠키를? · 응, 그랬어.

5 그녀는 / 만나고 있었다 / 그녀의 친구들을.
She was meeting her friends.

Was ___ she ___ meeting ___ her friends? — No, she wasn't.
이었니 / 그녀가 / 만나고 있는 / 그녀의 친구들을? · 아니, 안 그랬어.

6 너는 / 산책하고 있었다 / 오후에.
You were taking a walk in the afternoon.

Were ___ you ___ taking ___ a walk in the afternoon? — Yes, I was.
이었니 / 너는 / 산책하고 있는 / 오후에? · 응, 그랬어.

02 써다 복면 문법이 보인다!

1 Was ___ she ___ looking ___ for me?
이었니 / 그녀가 / 찾고 있는 / 나를?   [look for: ~을 찾다]

2 Were ___ they ___ looking ___ for me?
이었니 / 그들이 / 찾고 있는 / 나를?

3 Were ___ they ___ looking ___ for him?
이었니 / 그들이 / 찾고 있는 / 그를?

4 Were ___ they ___ waiting ___ for him?
이었니 / 그들이 / 기다리고 있는 / 그를?   [wait for: ~을 기다리다]

5 Was ___ Susie ___ waiting ___ for ___ him ___?
이었니 / 수지가 / 기다리고 있는 / 그를?

6 Was Susie ___ waiting ___ for ___ the bus?
이었니 수지가 / 기다리고 있는 / 버스를?

7 Was ___ he ___ waiting for the ___ bus ___?
이었니 / 그가 / 기다리고 있는 / 버스를?

8 Was ___ he ___ getting ___ off the bus?
이었니 / 그가 / 내리고 있는 / 버스에서?   [get off: ~에서 내리다]

9 Were they ___ getting ___ off ___ the bus?
이었니 그들이 / 내리고 있는 / 버스에서?

10 Were ___ they ___ getting ___ on the bus?
이었니 / 그들이 / 타고 있는 / 버스에?   [get on: ~에 타다]

문제로 문법 정리

우리말과 일치하도록 괄호 안의 단어를 바르게 배열하세요.

1. 너는 그때 축구하고 있었니?
(you / playing / were)
→ Were you playing soccer then?

2. 그는 주방에서 요리하고 있었니?
(cooking / was / he)
→ Was he cooking in the kitchen?

03 문장이 써지면 이 영문법은 OK!

1 너는 샤워하고 있었니?
Were you taking a shower?

2 그는 샤워하고 있었니?
Was he taking a shower? — 응, 그랬어. Yes, he was.

3 그는 쉬고 있었니?
Was he taking a break? — 아니, 안 그랬어. No, he wasn't.

4 그녀는 쉬고 있었니?
Was she taking a break?

5 그녀는 산책하고 있었니?
Was she taking a walk?

6 그들은 산책하고 있었니?
Were they taking a walk? — 응, 그랬어. Yes, they were.

7 그들은 목욕하고 있었니?
Were they taking a bath? — 아니, 안 그랬어. No, they weren't.

8 그는 목욕하고 있었니?
Was he taking a bath?

9 그것은 목욕하고 있었니?
Was it taking a bath?

10 비가 오고 있었니?
Was it raining? — 아니, 안 그랬어. No, it wasn't.

11 밖에 비가 오고 있었니?
Was it raining outside? — 응, 그랬어. Yes, it was.

12 밖에 눈이 오고 있었니?
Was it snowing outside?

13 그것은 밖에서 놀고 있었니?
Was it playing outside?

14 너는 밖에서 놀고 있었니?
Were you playing outside? — 아니, 안 그랬어. No, I wasn't.

15 너는 드럼(들)을 치고 있었니?
Were you playing the drums? — 응, 그랬어. Yes, I was.

16 그 음악가는 드럼(들)을 치고 있었니?
Was the musician playing the drums?

17 그 음악가는 드럼(들)을 옮기고 있었니?
Was the musician moving the drums?

18 그 음악가들은 드럼(들)을 옮기고 있었니?
Were the musicians moving the drums?

필수 단어 take a shower 샤워하다 take a break 쉬다 take a walk 산책하다 take a bath 목욕하다 rain 비가 오다 snow 눈이 오다 outside 밖에 play the drums 드럼을 치다 move 옮기다, 움직이다

Word Check

c a l e n d a r 달력

봄 s p r i n g
여름 s u m m e r
가을 f a l l
겨울 w i n t e r

d a r k 어두운

01 비교하면 답이 보인다!

그것은 /~이다 / 뜨거운 차.
It is a hot tea.

It is hot today.
(비인칭 주어) /~이다 / 더운 / 오늘.

1

그것은 /~이다 / 시계.
It is a clock.

It ___ is ___ five o'clock now.
(비인칭 주어) /~이다 / 5시. / 지금.
└ 비인칭 주어는 '그것'이라고 해석하지 않아.

2

그것은 /~이다 / 달력.
It is a calendar.

It ___ is ___ Wednesday today.
(비인칭 주어) /~이다 / 수요일 / 오늘.

3

그것은 /~이다 / 봄꽃.
It is a spring flower.

It ___ is ___ spring now.
(비인칭 주어) /~이다 / 봄 / 지금.

4

그것은 /~이다 / 카페.
It is a cafe.

It ___ is ___ 500 meters to the cafe.
(비인칭 주어) /~이다 / 500미터 (거리) / 카페로.

5

그것은 /~이다 / 어두운 방.
It is a dark room.

It ___ is ___ getting dark.
(비인칭 주어) /~이다 / 되고 있는 / 어두운.

6

말이 되는 풀이요

get + 형용사
get과 형용사가 만나면 '~되다'라는 의미로 다양한 형용사와 같이 쓸 수 있어.
get warm 따뜻해지다
get hot 더워지다
get cold 추워지다

02 쓰다 보면 문법이 보인다!

1
It ___ is ___ snowing.
(비인칭 주어) / ~이다 / 눈이 오고 있다.

2
It ___ is ___ raining ___ today.
(비인칭 주어) / ~이다 / 비가 오고 있다 / 오늘.

3
It ___ is ___ getting warm ___ today.
(비인칭 주어) / ~이다 / 따뜻해지고 있다 / 오늘.
└ get + 형용사: ~해지다

4
It is ___ getting ___ hot ___ today.
(비인칭 주어) / ~이다 / 더워지고 있다 / 오늘.

5
It ___ is ___ getting ___ cold ___ today.
(비인칭 주어) / ~이다 / 추워지고 있다 / 오늘.

6
It ___ is ___ cold today.
(비인칭 주어) / ~이다 / 춥다 / 오늘.

7
It ___ is ___ rainy and cold today.
(비인칭 주어) / ~이다 / 비가 오고 춥다 / 오늘.

8
It ___ is ___ rainy ___ and ___ cool today.
(비인칭 주어) / ~이다 / 비가 오고 서늘하다 / 오늘.

9
It ___ is ___ windy ___ and ___ cool today.
(비인칭 주어) / ~이다 / 바람이 불고 서늘하다 / 오늘.

10
It ___ is ___ windy ___ and ___ cool ___ outside.
(비인칭 주어) / ~이다 / 바람이 불고 서늘하다 / 밖에.

문제로 문법 정리

다음 문장을 우리말로 해석해 보세요.

1. It is summer now.
→ _____ 지금은 여름이다.

2. It is a summer hat.
→ _____ 그것은 여름 모자이다.

03 문장이 써지면 이 영문법은 OK!

※ <It + is>는 줄임말로 쓰세요.

1. 지금 9시야.
It's nine o'clock now.

2. 오전 11시 20분이야.
It's 11:20 a.m.

3. 오후 3시 50분이야.
It's 3:50 p.m.
(a.m.: 오전 / p.m.: 오후)

4. 수요일이야.
It's Wednesday.

5. 월요일이야.
It's Monday.

6. 8월 1일이야.
It's August 1st. (1st = first)

7. 10월 2일이야.
It's October 2nd. (2nd = second)

8. 11월 3일이야.
It's November 3rd. (3rd = third)

9. 12월 25일이야.
It's December 25th.
(날짜로 날짜를 말할 때 1st, 2nd, 3rd 이후부터는 4th, 5th와 같이 대부분 뒤에 -th를 붙여.)

10. 크리스마스 날이야.
It's Christmas Day.

---

11. 역까지 (거리가) 1킬로미터야.
It's one kilometer to the station.

12. 역까지 (거리가) 20킬로미터야.
It's twenty kilometers to the station.

13. 집까지 (거리가) 20킬로미터야.
It's twenty kilometers to the house.

14. 집까지 (거리가) 200미터야.
It's two hundred meters to the house.

15. 집 안이 어두워.
It's dark in the house.

16. 오전에 어두워.
It's dark in the morning.

17. 오전에는 흐려.
It's cloudy in the morning.

18. 지금 눈이 오고 있어.
It's snowing now.

알아두면 좋아요

요일 Monday 월요일 Tuesday 화요일 Wednesday 수요일 Thursday 목요일 Friday 금요일 Saturday 토요일 Sunday 일요일

월 January 1월 February 2월 March 3월 April 4월 May 5월 June 6월 July 7월 August 8월 September 9월 October 10월 November 11월 December 12월

날씨 hot 더운 cold 추운 cool 시원한 warm 따뜻한 cloudy 흐린 sunny 화창한 rainy 비가 오는 snowy 눈이 오는 windy 바람 부는

24 | It looks delicious.

01 비교해보면 답이 보인다!

1
그는 / ~이다 / 잘생긴
He is handsome.

He __looks__ __handsome__
그는 / 보인다 / 잘생긴

Word Check

h a n d s o m e
잘생긴

2
이 케이크는 / ~이다 / 달콤한
This cake is sweet.

This cake __smells__ __sweet__
이 케이크는 / 냄새가 난다 / 달콤한

3
피자가 / ~이다 / 맛있는
The pizza is delicious.

The pizza __tastes__ __delicious__
피자가 / 맛이 난다 / 맛있는

d e l i c i o u s
맛있는

4
그녀는 / ~이다 / 재미있는
She is funny.

She __sounds__ __funny__
그녀는 / 들린다 / 재미있는

5
이 담요는 / ~이다 / 부드러운
This blanket is soft.

This blanket __feels__ __soft__
이 담요는 / 느껴진다 / 부드러운

b l a n k e t
담요

6
너는 / ~이다 / 멋진
You are wonderful!

You __look__ __wonderful__ !
너는 / 보인다 / 멋진

s o f t
부드러운

---

02 쓰다 보면 문법이 보인다!

1 You __look__ pretty.
너는 / 보인다 / 예쁜.

2 You __look__ __great__.
너는 / 보인다 / 좋은.

3 This house __looks__ __great__
이 집은 / 보인다 / 좋은.

4 This __house__ __looks__ old.
이 집은 / 보인다 / 오래된.

5 This spaghetti __looks__ __old__
이 스파게티는 / 보인다 / 오래된.

6 This __spaghetti__ __looks__ __delicious__
이 스파게티는 / 보인다 / 맛있는.

7 This spaghetti smells __delicious__
이 스파게티는 / 냄새가 난다 / 맛있는.

8 This steak __smells__ __delicious__.
이 스테이크는 / 냄새가 난다 / 맛있는.

9 This steak tastes __delicious__
이 스테이크는 / 맛이 난다 / 맛있는.

10 This __steak__ __tastes__ good.
이 스테이크는 / 맛이 난다 / 좋은.

문제로 문법 정리

다음 우리말 뜻에 맞는 단어를 찾아 선으로 연결하세요.

~맛이 나다 — look
~하게 느끼다 — smell
~해 보이다 — feel
~하게 들리다 — taste
냄새가 나다 — sound

[03] 문장이 씨지면 이 영문법은 OK!

❶ 이 담요는 부드러운 느낌이야.
This blanket feels soft .

❷ 이 담요는 편안한 느낌이야.
___ This blanket feels comfortable.

❸ 이 소파는 편안한 느낌이야.
This sofa feels comfortable .

❹ (도전! 문장 쓰기) 이 침대는 편안해 보여.
This bed feels comfortable.

❺ 이 침대는 편안해 보여.
This bed looks comfortable .

❻ 이 침대는 훌륭해 보여.
This bed looks wonderful.

❼ (도전! 문장 쓰기) 이 치킨은 훌륭해 보여.
___ This chicken looks wonderful .

❽ 이 치킨은 맛이 좋해.
This chicken tastes wonderful.

❾ (도전! 문장 쓰기) 이 치킨은 맛이 좋아.
This chicken tastes good.

❿ 이 스테이크도 맛이 좋아.
This steak tastes good.

⓫ 이 스테이크는 냄새가 좋아.
This steak smells good .

⓬ 이 비누는 냄새가 좋아.
This soap smells good.

⓭ 이 비누는 냄새가 나빠.
This soap smells bad.

⓮ 이 장미들은 냄새가 나빠.
These roses smell bad .

⓯ 이 장미들은 냄새가 달콤해.
These roses smell sweet.

⓰ 그것은 냄새가 달콤해.
It smells sweet.

⓱ 그거 좋게 들리는데.
It sounds great[good].

⓲ (도전! 문장 쓰기) 그게 좋겠는데. (= 그거 좋게 들리는데.)
That sounds great[good].

이 문장은 상대방의 제안을 수락할 때
자주 쓰는 표현이니까 꼭 익혀 두자!

알아두면 좋아요

감각동사 뒤에는 부사가 올 수 있다
sweetly(달콤하게)는 형용사 sweet(달콤한) 뒤에 -ly가 붙어서 부사가 된 경우야.
그런데 부사는 감각동사 뒤에 올 수 없다는 점을 기억해야 해. 단, 〈명사+-ly〉의 형
태인 friendly(friend⊕-ly)는 부사가 아닌 형용사이니까 주의하자!

It smells sweet. (○) 그것은 달콤한 냄새가 난다.
It smells sweetly. (×)
She looks good. (○) 그녀는 좋아 보인다.
She looks well. (×)

25 | I will buy a bag.

01 비교하면 답이 보인다!

1.
나는 /돕는다 /나의 엄마를.
I help my mother.

I ___will___ help ___ my mother.
나는 /도울 것이다 /나의 엄마를

2.
그녀는 /배운다 /일본어를.
She learns Japanese.

She ___will___ learn ___ Japanese.
그녀는 /배울 것이다.

3.
우리는 /한다 /배구를.
We play volleyball.

We ___will___ play ___ volleyball.
우리는 /할 것이다.

4.
그는 /이다 /바쁜.
He is busy.

He ___will___ be ___ busy.
그는 /~일 것이다.

5.
그들은 /계획한다 /휴가를.
They plan a vacation.

They ___will___ plan ___ a vacation.
그들은 /계획할 것이다.

6.
(비인칭 주어) /~이다 /흐리고 바람이 부는.
It is cloudy and windy.

It ___will___ be ___ cloudy and windy.
(비인칭 주어) /~일 것이다 /흐리고 바람이 부는.

Word Check

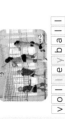
v o l l e y b a l l

c l o u d y 먹구름

w i n d y 바람이 부는

02 쓰다 보면 문법이 보인다!

1. John ___will___ learn ___ Japanese
   존은 /배울 것이다 /일본어를.

2. John ___will___ learn ___ Chinese.
   존은 /배울 것이다 /중국어를.

3. They will learn Chinese.
   그들은 /배울 것이다 /중국어를.

4. They ___will___ study ___ Chinese.
   그들은 /공부할 것이다 /중국어를.

5. Susie ___will___ study ___ Spanish.
   수지는 /공부할 것이다 /스페인어를.

6. Susie ___will___ study ___ Chinese
   수지는 /공부할 것이다 /중국어를.

7. Susie ___will___ teach ___ Spanish
   수지는 /가르칠 것이다 /스페인어를.

8. Mr. Smith ___will___ teach ___ Spanish
   스미스 씨는 /가르칠 것이다 /스페인어를.

9. Mr. ___ Smith ___will___ teach Arabic.
   스미스 씨는 /가르칠 것이다 /아랍어를.

10. I ___will___ teach ___ Arabic
    나는 /가르칠 것이다 /아랍어를.

문제로 문법 정리
괄호 안의 단어 중 알맞은 것을 고르세요.
1. I will (learn / learned) Arabic.
2. She will (play / plays) volleyball.

03 문장이 써지면 이 영문법은 OK!

〈인칭대명사+will〉을
줄임말로 쓰세요.

내일은 (날씨가) 흐릴 것이다.
1 It'll __be__ cloudy tomorrow.

내일은 (날씨가) 화창할 것이다.
2 __It'll__ __be__ sunny tomorrow.

내일은 (날씨가) 추울 것이다.
3 It'll __be__ cold __tomorrow__ .

내일은 (날씨가) 더울 것이다.
4 It'll be hot tomorrow.

그것은 2시에 도착할 것이다.
5 It'll __will__ arrive at 2 o'clock.

그 기차는 2시에 도착할 것이다.
6 The train __will__ arrive __will__ at 2 o'clock.

그는 2시에 도착할 것이다.
7 He'll arrive at 2 o'clock.

그는 오늘 오후에 도착할 것이다.
8 __He'll__ arrive __this afternoon.

도전! 문장 쓰기

도전! 문장 쓰기

알아두면 좋아요

인칭대명사와 will이 함께 있으면 줄임말로 쓸 수 있다

I will ⇨ I'll   We will ⇨ We'll   You will ⇨ You'll   They will ⇨ They'll   She will ⇨ She'll
He will ⇨ He'll   It will ⇨ It'll

그는 오늘 오후에 떠날 것이다.
9 He'll leave __this__ afternoon __.

그들은 오늘 오후에 떠날 것이다.
10 __They'll__ __leave__ this afternoon.

그들은 곧 떠날 것이다.
11 __They'll__ __leave__ soon.

그들은 곧 그를 만날 것이다.
12 __They'll__ meet him soon.

나는 곧 그들을 만날 것이다.
13 I'll meet them soon.

나는 이번 주말에 그들을 만날 것이다.
14 I'll __meet__ them this weekend.

나는 이번 주말에 그것들을 살 것이다.
15 I'll buy them __this__ weekend __.

그녀는 이번 주말에 그것들을 살 것이다.
16 She'll __buy__ them this weekend.

그녀는 이번 주말에 차를 살 것이다.
17 She'll buy a car this weekend.

우리는 다음 주말에 차를 살 것이다.
18 __We'll__ __buy__ a car next weekend.

도전! 문장 쓰기

도전! 문장 쓰기

26 | He won't buy a bag.

01 비교하면 답이 보인다!

1
그녀는 /~일 것이다 / 바쁜.
She will be busy.
그녀는 /~이지 않을 것이다
She ___ will ___ not ___ be ___ busy.

2
그들은 / 다할 것이다 / 그들의 최선을.
They will do their best.
그들은 /다하지 않을 것이다
They ___ will ___ not ___ do ___ their best.

best: 최고의
do one's best: 최선을 다하다

3
나는 /~일 것이다 / 늦은 / 학교에.
I will be late for school.
나는 /~이지 않을 것이다
I ___ will ___ not ___ be ___ late for school.

late for: ~에 늦은

4
우리는 / 떠날 것이다 / 곧.
We will leave soon.
우리는 / 떠나지 않을 것이다
We ___ will ___ not ___ leave ___ soon.

5
그는 / 일할 것이다 / 열심히.
He will work hard.
그는 / 일하지 않을 것이다
He ___ will ___ not ___ work ___ hard.

6
(비인칭 주어) / ~일 것이다 / 추운 / 내일.
It will be cold tomorrow.
(비인칭 주어) / ~이지 않을 것이다
It ___ will ___ not ___ be ___ cold tomorrow.

138

---

02 쓰다 보면 문법이 보인다!

1
우리는 / 만나지 않을 것이다 / 도서관에서 / 다음 달에.
We will ___ not ___ meet ___ at the library next month.

2
우리는 / 만나지 않을 것이다 / 박물관에서 / 다음 달에.
We ___ will ___ not ___ meet ___ at ___ the museum next month.

3
학생들은 / 만나지 않을 것이다
The students ___ will ___ not ___ meet ___ at the museum ___ next ___ month.

4
학생들은 / 방문하지 않을 것이다 / 박물관을 / 다음 달에.
The students ___ will ___ not ___ visit ___ the ___ museum ___ next month.

5
학생들은 / 방문하지 않을 것이다 / 박물관을 / 내일.
The students ___ will ___ not ___ visit ___ the museum tomorrow.

6
학생들은 / 방문하지 않을 것이다 / 공원을 / 내일.
The ___ students ___ will ___ not ___ visit ___ the park tomorrow.

7
소녀들은 / 방문하지 않을 것이다 / 공원을 / 내일.
The girls ___ will ___ not ___ visit ___ the ___ park ___ tomorrow.

8
소녀들은 / 가지 않을 것이다 / 공원에 / 내일.
The girls ___ will ___ not ___ go ___ to the park tomorrow.

9
소녀들은 / 가지 않을 것이다 / 해변에 / 내일.
The ___ girls ___ will ___ not ___ go ___ to ___ the ___ go ___ to the beach tomorrow.

10
소년들은 / 가지 않을 것이다
The boys ___ will ___ not ___ go ___ to ___ the ___ beach ___ tomorrow. / 내일.

139

03 문장이 써지면 이 영문법은 OK!

〈will + not〉은 줄임말로 쓰세요.

1. 나는 스마트폰을 사용하지 않을 거야.
I __won't__ __use__ a smartphone.

2. 그는 스마트폰을 사용하지 않을 거야.
He won't __use__ a smartphone.

3. 그는 스마트폰을 사지 않을 거야.
He won't __buy__ a smartphone.

4. 그는 모자를 사지 않을 거야. (도전 문장 쓰기)
He won't buy a hat.

5. 그는 모자를 쓰지 않을 거야.
He __won't__ wear a hat.

6. 그는 선글라스를 쓰지 않을 거야.
He __won't__ __wear__ sunglasses.

7. 나는 선글라스를 쓰지 않을 거야.
I __won't__ __wear__ sunglasses.

8. 나는 바지를 입지 않을 거야.
I __won't__ __wear__ pants.

9. 우리는 바지를 입지 않을 거야. (도전 문장 쓰기)
We won't wear pants.

10. 우리는 바지를 만들지 않을 거야.
We __won't__ make pants.

140

---

11. 제인은 바지를 만들지 않을 거야.
Jane __won't__ __make__ pants.

12. 제인은 떠들지 않을 거야.
Jane __won't__ make a noise.

13. 그녀는 떠들지 않을 거야. (도전 문장 쓰기)
She __won't__ make a noise.

14. 그녀는 침대를 정리하지 않을 거야.
She __won't__ make the bed.

15. 그들은 침대를 정리하지 않을 거야.
They won't make the bed.

16. 그들은 불을 지피지 않을 거야.
They __won't__ __make__ a fire.

17. 프레드는 불을 지피지 않을 거야. (도전 문장 쓰기)
Fred __won't__ __make__ a fire.

18. 우리는 불을 지피지 않을 거야.
We won't make a fire.

필수 단어 use 사용하다 buy 사다 hat 모자 wear (모자, 안경을) 쓰다, (옷을) 입다 sunglasses 선글라스 pants 바지 make 만들다 make a noise 떠들다 make the(one's) bed 침대를 정리하다 make a fire 불을 지피다

141

53

01 비교하면 답이 보인다!

1
나는 / 영화 보러 갈 것이다.
You will go to the movies.
Will you go to the movies?
~할 것이니 / 너는 / 영화 보러 가다 / 영화 볼?

2
그녀의 딸은 / 방문할 것이다 / 나를.
Her daughter will visit me.
Will her daughter visit me?
~할 것이니 / 그녀의 딸은 / 방문하다 / 나를?

3
그들은 / 우승할 것이다 / 그 대회에서.
They will win the contest.
Will they win the contest?
~하겠니 / 그들은 / 우승하다 / 그 대회에서?

4
(날씨를 주어) ~일 것이다 / 덥고 화창한.
It will be hot and sunny.
Will it be hot and sunny?
~할 것이니 / (비인칭 주어) / ~이다 / 덥고 화창한?

5
그녀는 / 갈 것이다 / 동물원에 / 내일.
She will go to the zoo tomorrow.
Will she go to the zoo tomorrow?
~할 것이니 / 그녀는 / 가다 / 동물원에 / 내일?

6
그의 아들은 / ~일 것이다 / 12살이 / 이번 달에.
His son will be 12 years old this month.
Will his son be 12 years old this month?
~일 것이니 / 그의 아들은 / ~되다 / 12살이 / 이번 달에?

Word Check
 w i n
 s u n n y
 z o o

02 쓰다 보면 문법이 보인다!

1
Will you be 10 years old this month? — Yes, I will.
~할 것이니 / 너는 / ~되다 / 10살이 / 이번 달에? / 응, 그럴 거야.

2
Will she be 13 years old this month? — Yes, she will.
~할 것이니 / 그녀는 / ~되다 / 13살이 / 이번 / 달에? / 응, 그럴 거야.

3
Will she be 13 years old this month? — No, she won't.
~할 것이니 / 그녀는 / ~되다 / 13 / 살 / 13살이 / 이번 달에? / 아니, 안 그럴 거야.

4
Will he be here next month? — No, he won't.
~할 것이니 / 그는 / 여기에 오다 / 다음 달에? / 아니, 안 그럴 거야.
<be + 장소> : 1. ~에 있다 2. ~에 오다, ~에 가다
be here : 여기에 오다 / 여기에 가다

5
Will he be here this Saturday? — Yes, he will.
~할 것이니 / 그는 / 여기에 오다 / 이번 주 토요일에? / 응, 그럴 거야.

6
Will he be there this Saturday? — No, he won't.
~할 것이니 / 그는 / 거기에 가다 / 이번 / 토요일에? / 아니, 안 그럴 거야.

7
Will they be there this Saturday? — Yes, they will.
~할 것이니 / 그들은 / 거기에 가다 / 이번 주 토요일에? / 응, 그럴 거야.

8
Will you be there this Saturday? — No, I won't.
~할 것이니 / 너는 / 거기에 가다 / 이번 토요일에? / 아니, 안 그럴 거야.

9
Will you have lunch with her? — Yes, I will.
~할 것이니 / 너는 / 점심을 먹다 / 그녀와 함께? / 응, 그럴 거야.

10
Will you have dinner with her on Sunday? — No, I won't.
~할 것이니 / 너는 / 저녁을 먹다 / 그녀와 함께 / 일요일에? / 아니, 안 그럴 거야.

03 문장이 써지면 이 응용문법은 OK!

〈will + not〉을 줄여서 won't로 쓸 수 있어.

1. 내일 (날씨가) 추울까? 아니, 안 그럴 거야.
Will **it be** cold _____ tomorrow ? — No, it won't.

2. 모레 (날씨가) 추울까? 응. 그럴 거야.
Will **it** _____ be _____ cold the day after tomorrow? — Yes, it will.

3. 모레 (날씨가) 더울까? 아니, 안 그럴 거야.
Will **it** _____ be _____ hot the day after tomorrow? — No, it won't.

4. 모레 (날씨가) 비가 올까?   (도전! 문장 쓰기)
Will it rain the day after tomorrow?

5. 모레 (날씨가) 눈이 올까?
Will **it** _____ snow _____ the day after tomorrow?

6. 모레 그것이 도착할까?
Will **it** arrive the day after tomorrow?

7. 모레 그의 딸이 도착할까?   (도전! 문장 쓰기)
Will his daughter arrive the day after tomorrow?

8. 모레 그의 딸이 떠날까? 아니, 안 그럴 거야.
Will **his daughter leave** the day after tomorrow? — No, she _____ won't.

9. 내일 그의 딸이 떠날까? 응. 그럴 거야.
Will **his** _____ daughter _____ leave _____ tomorrow? — Yes, she _____ will _____.

145

10. 내일 그들이 떠날까? 아니, 안 그럴 거야.
Will **they** _____ leave _____ tomorrow ? — No, **they** _____ won't _____.

11. 내일 그들이 파티에 올까? 응. 그럴 거야.
Will **they** _____ come _____ to the party tomorrow? — Yes, they _____.

12. 내일 너는 파티에 올 거니? 응. 그럴 거야.
Will you come to the party tomorrow? — Yes, I _____ will _____.

13. 내일 너는 축제에 올 거니? 아니, 안 그럴 거야.
Will **you** _____ come _____ to _____ the festival tomorrow? — No, I won't.

14. 너는 축제에 갈 거니?
Will **you** _____ go _____ to the festival?

15. 너는 나와 함께 축제에 갈래? 좋아.
Will **you** _____ go _____ to _____ the festival _____ with _____ me? — Okay.

16. 이번 주말에 나와 함께 영화 보러 갈래?
Will **you** _____ go _____ to the movies with _____ me _____ this weekend?

17. 그가 이번 주말에 영화 보러 갈까?   (도전! 문장 쓰기)
Will he go to the movies this weekend?

18. 그가 이번 주말에 학교에 갈까?
Will **he** _____ go _____ to _____ school this weekend?

146

55

28 | 미래 시제(will) 총정리

왕빠 영문법 28강
미래 시제(will) 총정리

Units 25-27 복습

Unit 28 듣기

01 비교하면 답이 보인다!

> ✏ <will + not>은 줄임말로 쓰세요.

① 그녀는 / 떠날 것이다 / 이번 주말에.
She will leave this weekend.

She __won't__ __leave__ this weekend.
그녀는 / 떠나지 않을 것이다 / 이번 주말에

② (비인칭 주어) / ~일 것이다 / 비가 오는.
It will be rainy.

It __won't__ __be__ rainy.
(비인칭 주어) / ~이지 않을 것이다 / 비가 오는

③ 나는 / 요리할 것이다.
I __will__ __cook__ chicken. / 닭고기를.
나는 / 요리할 것이다

__Will__ __you__ __cook__ chicken? / 닭고기를?
~할 것이니 / 너는

④ 그들은 / 페인트칠할 것이다. / 지붕을.
They __will__ __paint__ the roof.
그들은 / 페인트칠할 것이다

__Will__ __they__ __paint__ the roof? / 지붕을?
~할 것이니 / 그들은

⑤ 기차가 / 도착할 것이다 / 오전 11시에.
The train __will__ __arrive__ at 11 a.m.
기차가 / 도착할 것이다 / 오전 11시에

__Will__ the train __arrive__ at 11 a.m.? / 오전 11시에?
~할 것이니 / 기차가

---

02 쓰다 보면 문법이 보인다!

> ✏ <will + not>은 줄임말로 쓰세요.

① She __won't__ take a taxi.
그녀는 택시를 타지 않을 거야.

② She __will__ take a taxi.
그녀는 택시를 탈 거야.

③ You __will__ take __a__ taxi.
너는 택시를 탈 거야.

④ __You__ __will__ take a train.
너는 기차를 탈 거야.

⑤ __Will__ __you__ take a train?
너는 기차를 탈 거니?

⑥ Will he take a train?
그는 기차를 탈 거니?

⑦ He __will__ take a train.
그는 기차를 탈 거야.

⑧ He __will__ take a bath.
그는 목욕을 할 거야.

⑨ We will take a bath.
우리는 목욕을 할 거야.

⑩ We __won't__ take a bath.
우리는 목욕을 하지 않을 거야.

문장이 써지면 이 영문법도 OK!

❋ 〈will + not〉은 줄임말로 쓰세요.

1 우리는 영화 보러 갈 거야.
We ___ **will** ___ **go** ___ to the movies.

2 우리는 영화 보러 가지 않을 거야.
We ___ **won't** ___ **go** ___ to the movies.

3 그녀는 영화 보러 가지 않을 거야.
She won't go to the movies.

4 그녀는 오늘 쇼핑하러 가지 않을 거야.
She ___ **won't** ___ **go** ___ shopping today.

5 그녀는 오늘 쇼핑하러 갈 거야?
She ___ **will** ___ **go** ___ shopping ___ today.

6 그녀는 오늘 쇼핑하러 갈 거니?
Will she go shopping today?   *(도전 문장 쓰기)*

7 그들은 내일 쇼핑하러 갈 거니?
Will ___ **they** ___ **go** ___ shopping ___ tomorrow?

8 그들은 내일 낚시하러 갈 거야.
They ___ **will** ___ **go** ___ fishing tomorrow.

9 그들은 내일 낚시하러 가지 않을 거야.
They ___ **won't** ___ **go** ___ fishing ___ tomorrow.   *(도전 문장 쓰기)*

10 나는 일요일에 낚시하러 가지 않을 거야.
I ___ **won't** ___ **go** ___ fishing ___ on Sunday.

150

11 그들은 목욕을 하지 않을 거야.
They ___ **won't** ___ **take** ___ a ___ **bath** ___ .

12 그들은 샤워를 하지 않을 거야.
They ___ **won't** ___ **take** ___ a shower.

13 그녀는 샤워를 하지 않을 거야.
She won't take a shower.

14 그녀는 샤워를 할 거야.
She will take a shower.

15 그녀는 샤워를 할 거니?
Will she take a shower?

16 너는 샤워를 할 거니?
Will you ___ **take** ___ a ___ **shower** ___ ?

17 너는 약을 먹을 거니?
___ **Will** ___ you ___ **take** ___ medicine?

18 그는 약을 먹을 거니?
___ Will he ___ **take** ___ medicine ___ ?

알아두면 좋아요

동사 take의 다양한 뜻
1. take a bus(taxi, train, subway): 버스(택시, 기차, 지하철)를 타다
2. take a bath(shower): 목욕(샤워)하다
3. take medicine: 약을 먹다

149

도전! 문장 쓰기

11 나는 일요일에 낚시하러 갈 거야.
I will go fishing on Sunday.

12 나는 일요일에 하이킹하러 갈 거야.
I _____ will _____ go _____ hiking on Sunday.

13 내 형과 나는 일요일에 하이킹하러 가지 않을 거야.
My brother and I _____ won't _____ go _____ hiking _____ on _____ Sunday.

14 그는 이번 주말에 하이킹하러 가지 않을 거야.
He _____ won't _____ go _____ hiking _____ this weekend.

15 그는 이번 주말에 수영하러 갈 거야.
He _____ will _____ go _____ swimming this weekend.

16 그는 이번 주말에 수영하러 갈 거니?
Will _____ he _____ go _____ swimming _____ this weekend?

17 너는 이번 주말에 수영하러 갈 거니?
Will you go swimming this weekend?

18 너는 이번 주말에 캠핑하러 갈 거니?
Will _____ you _____ go _____ camping _____ this _____ weekend _____?

도전! 문장 쓰기

알아두면 좋아요

필수 표현 go to the movies 영화 보러 가다 go shopping 쇼핑하러 가다 go fishing 낚시하러 가다 go hiking 하이킹하러 가다 go swimming 수영하러 가다 go camping 캠핑하러 가다

151

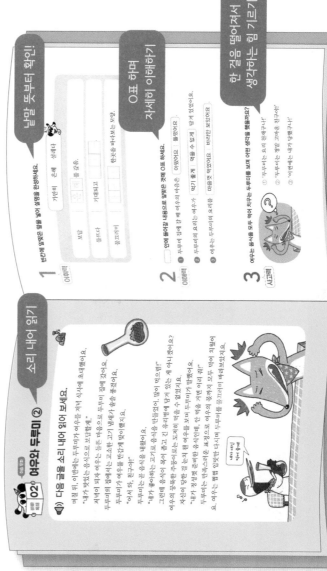

읽는 재미를 높인 초등 문해력 향상 프로그램

바빠 독해 (전 6권)

비문학 지문도 재미있게 읽을 수 있어요!

바빠 독해 1~6단계

각 권 9,800원

● 초등학생이 직접 고른 재미있는 이야기!

- 연구소의 어린이가 읽고 싶어 한 흥미로운 이야기만 골라 담았어요.

- 1단계 | 이솝우화, 과학 상식, 전래동화, 사회 상식
- 2단계 | 이솝우화, 과학 상식, 전래동화, 사회 상식
- 3단계 | 탈무드, 교과 과학, 생활문, 교과 사회
- 4단계 | 속담 동화, 교과 과학, 생활문, 교과 사회
- 5단계 | 고사성어, 교과 과학, 생활문, 교과 사회
- 6단계 | 고사성어, 교과 과학, 생활문, 교과 사회

● 읽다 보면 나도 모르게 교과 지식이 쏙쏙!

- 다채로운 주제들을 읽다 보면 초등 교과 지식이 쌓이도록 설계!
- 초등 교과서(국어, 사회, 과학)와 100% 일치 연계돼 학교 공부에도 직접 도움이 돼요.

● 분당 영재사랑 연구소 지도 비법 대공개!

- 종합력, 이해력, 추론 능력, 분석력, 사고력, 문법까지 한 번에 OK!
- 초등학생 눈높이에 맞춘 수능형 문항을 담았어요!

● 초등학교 방과 후 교재로 인기!

- 아이들이 눈물 번쩍 뜨게 할 만한 흥미진진함이 넘치는 재미있고 유익한 교재!

(남양 초등학교 방과 후 교사, 동화작가 강민숙 선생님 추천)

1-2 단계 | 1~2학년

3-4 단계 | 3~4학년

5-6 단계 | 5~6학년

16년간 어린이들을 맞춤 설계 지도한 호사라 박사의 독해력 처방전!

**"초등학생 취향 저격!
모든 어린이가 쉽게 문해력을 기를 수 있는 즐거운 활동을 선별했어요!"**

★ 서울대학교 교육학 박사 및 석사
★ 버지니아 대학교(University of Virginia) 영재 교육학 박사

문해력 영재사랑 교육연구소를 설립하여 유년기(6세~13세) 영재들을 위한 논술, 수리, 탐구 프로그램을 16년째 직접 개발하며 수업을 진행하고 있어요.

영재 교육 선생님들의 선생님
호사라 박사

바쁜 친구들이 즐거워지는 빠른 핵심만

바빠 초등 영문법 2

5·6학년용

Read aloud!

+ 훈련 문장 음원으로 공부하는 방법

방법1
문장을 듣고 나서 큰 소리로 따라 읽어 보세요. 듣고, 소리 내어 읽는 활동을 통해 스피킹 및 리스닝 연습을 동시에 할 수 있어요.

방법2
정답을 맞출 때 해답지 대신 음원 파일을 들으므로 확인해 보세요.

훈련 문장 음원 무료 다운로드
바빠 공부단 카페
www.easysedu.co.kr

바빠 공부단 [검색]

영역별 연산책 바빠 연산법
방학 때나 학습 결손이 생겼을 때~

· 바쁜 1·2학년을 위한 빠른 **덧셈**
· 바쁜 1·2학년을 위한 빠른 **뺄셈**
· 바쁜 초등학생을 위한 빠른 **구구단**
· 바쁜 초등학생을 위한
  빠른 **시계와 시간**

· 바쁜 초등학생을 위한
  빠른 **길이와 시간 계산**
· 바쁜 3·4학년을 위한 빠른 **덧셈**
· 바쁜 3·4학년을 위한 빠른 **뺄셈**
· 바쁜 3·4학년을 위한 빠른 **분수**
· 바쁜 3·4학년을 위한 빠른 **곱셈**
· 바쁜 3·4학년을 위한 빠른 **나눗셈**
· 바쁜 3·4학년을 위한 빠른 **방정식**

· 바쁜 초등학생을 위한
  빠른 **약수와 배수, 평면도형 계산,
  입체도형 계산, 자연수의 혼합 계산,
  분수와 소수의 혼합 계산, 비와 비례,
  확률과 통계**
· 바쁜 5·6학년을 위한 빠른 **곱셈**
· 바쁜 5·6학년을 위한 빠른 **나눗셈**
· 바쁜 5·6학년을 위한 빠른 **분수**
· 바쁜 5·6학년을 위한 빠른 **소수**
· 바쁜 5·6학년을 위한 빠른 **방정식**

바빠 국어/급수한자
초등 교과서 필수 어휘와 문해력 완성!

· 바쁜 초등학생을 위한 빠른 **맞춤법 1**
· 바쁜 초등학생을 위한 빠른 **급수한자 8급**
· 바쁜 초등학생을 위한 빠른 **독해 1, 2**

· 바쁜 초등학생을 위한 빠른 **독해 3, 4**
· 바쁜 초등학생을 위한 빠른 **맞춤법 2**
· 바쁜 초등학생을 위한
  빠른 **급수한자 7급 1, 2**

· 바쁜 초등학생을 위한
  빠른 **급수한자 6급 1, 2, 3**
· 보일락 말락~ 바빠 **급수한자판**
  + 6·7·8급 모의시험

· 바쁜 초등학생을 위한 빠른 **독해 5, 6**

재미있게 읽다 보면
나도 모르게
교과 지식까지 쑥쑥!

바빠 영어
우리 집, 방학 특강 교재로 인기 최고!

· 바쁜 초등학생을 위한
  빠른 **파닉스 1, 2**
· 바쁜 초등학생을 위한
  빠른 **사이트 워드 1, 2**
· 바쁜 초등학생을 위한
  빠른 **영단어 스타터 1, 2**
· **바빠 초등 파닉스 리딩 1, 2**

전 세계 어린이들이 가장 많이 읽는
· **영어동화 100편 : 명작동화**
· 바쁜 3·4학년을 위한 빠른 **영단어**
· 바쁜 3·4학년을 위한
  빠른 **영문법 1, 2**
· **영어동화 100편 : 과학동화**
· **영어동화 100편 : 위인동화**
· **바빠 초등 필수 영단어**

· 바쁜 5·6학년을 위한 빠른 **영단어**
· 바빠 초등 **영문법 - 5·6학년용 1, 2, 3**
· 바쁜 5·6학년을 위한
  빠른 **영어특강 - 영어 시제 편**
· 바쁜 5·6학년을 위한 빠른 **영작문**

바빠 초등 필수 영단어

🎧 원어민 MP3 제공 | 바빠 초등 필수 영단어 | 15,000원

★ ★ ★ ★ ★
3~6학년 필수 영단어를 한 권에!

초등 학년별
어휘 800개
한 권으로 총정리!

영단어 노트로
복습까지
완벽하게!

**특별
부록** | **영단어 쓰기 노트**

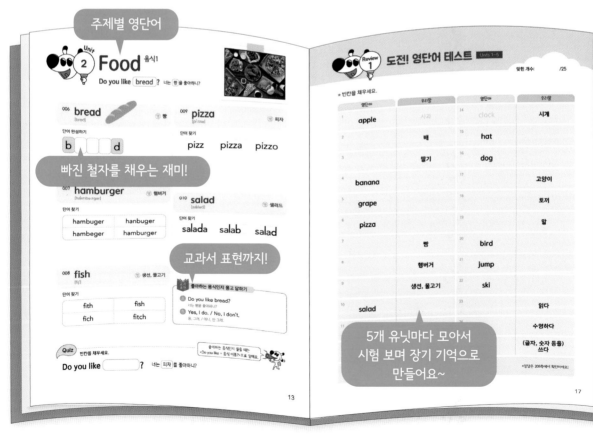

빠진 철자를 채우는 재미!

교과서 표현까지!

5개 유닛마다 모아서
시험 보며 장기 기억으로
만들어요~

 교과서와 일상생활을 반영한 주제별로 모아 더 잘 외워져요!